Web 3.0:
数字时代赋能与变革

贾新峰 ◎ 著

电子工业出版社
Publishing House of Electronics Industry
北京·BEIJING

内 容 简 介

当前，Web 3.0 作为依托区块链的去中心化互联网而备受关注。Web 3.0 是互联网发展的下一阶段，具有无限潜力。Web 3.0 如何赋能企业发展、实现变革，是一个值得思考的问题。本书从 Web 3.0 简介、企业的具体实践和企业未来发展方向三个方面，为企业指点迷津，力求帮助企业入局 Web 3.0。其中，Web 3.0 简介包括解码 Web 3.0，以及 Web 3.0 的技术架构、金融系统和组织形态；企业的具体实践包括商业模式重构、商业战略迭代、企业营销变革、企业品牌迭代、企业 IP 重塑和创作者经济爆发；企业未来发展方向主要介绍创投展望。

未经许可，不得以任何方式复制或抄袭本书之部分或全部内容。
版权所有，侵权必究。

图书在版编目（CIP）数据

Web 3.0：数字时代赋能与变革 / 贾新峰著. —北京：电子工业出版社，2023.10

ISBN 978-7-121-46423-2

Ⅰ.①W… Ⅱ.①贾… Ⅲ.①信息产业—产业经济—研究 Ⅳ.①F49

中国国家版本馆 CIP 数据核字（2023）第 183495 号

责任编辑：刘志红（lzhmails@163.com）　　特约编辑：王　纲
印　　刷：三河市君旺印务有限公司
装　　订：三河市君旺印务有限公司
出版发行：电子工业出版社
　　　　　北京市海淀区万寿路 173 信箱　邮编　100036
开　　本：720×1 000　1/16　印张：13　字数：208 千字
版　　次：2023 年 10 月第 1 版
印　　次：2023 年 10 月第 1 次印刷
定　　价：86.00 元

凡所购买电子工业出版社图书有缺损问题，请向购买书店调换。若书店售缺，请与本社发行部联系，联系及邮购电话：(010) 88254888，88258888。
质量投诉请发邮件至 zlts@phei.com.cn，盗版侵权举报请发邮件至 dbqq@phei.com.cn。
本书咨询联系方式：18614084788，lzhmails@163.com。

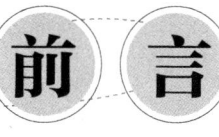

前言

2014年，以太坊联合创始人加文·伍德（Gavin Wood）博士提出了Web 3.0概念，指出未来的互联网将会去中心化、可验证、能够保护用户的安全与隐私。这一大胆的设想如今即将变成现实。

从中心化平台到去中心化，从真实身份到虚拟化身，从现实世界到虚拟世界……Web 3.0这场大型的社会变革，覆盖人们的购物、社交、娱乐、生产等方面，各类活动都将被重构并产生新的模式。同时，它还是一场技术变革，人工智能、数字孪生、云计算、区块链、大数据等先进技术层出不穷，为人们的生活带来巨大变化。

Web 3.0将引领互联网下一阶段的发展，创造一个全新的数字经济世界。许多国际企业正加快Web 3.0布局，力求抢占先机。2021年，全球最大的互联网社交平台Facebook（脸书）改名为Meta（元），表明其进入Web 3.0领域的决心；2022年，全球知名咖啡品牌星巴克推出Web 3.0平台星巴克奥德赛（Starbucks Odyssey）；LV、Gucci等著名奢侈品品牌纷纷推出数字藏品。

国内巨头也纷纷布局Web 3.0。百度创建了虚拟空间希壤；字节跳动收购国内VR行业头部厂商PICO，拓展VR相关业务线；腾讯旗下音乐App推出国内首个虚拟音乐嘉年华，用户可以通过虚拟化身沉浸式体验虚拟演唱会。

在此趋势下，企业有必要深入了解Web 3.0，并结合相关实例明确自身该如何发展，尽早进行积极探索。本书对 Web 3.0 的定义、核心特点、发展趋势、技术架构、金融系统、组织形态等进行了阐释，从商业模式重构、商业战略迭代、企业营销变革、企业品牌迭代、企业 IP 重塑、创作者经济爆发等方面为企业探索 Web 3.0 提供了实例，并结合 Web 3.0 领域的创投机会为企业的发展指明了方向。

任何一个行业都是参与越早，所获得的红利越多。当前，Web 3.0 正处于起步阶段，行业机会无限，希望企业能够抓住机会，借助 Web 3.0 实现变革，也希望本书的出版，能对企业家和互联网行业的创业者有所裨益。

作　者

2023 年 5 月

目录

第 1 章　解码 Web 3.0：新一代去中心化互联网 ································001

1.1　互联网迭代：Web 3.0 到来 ····································002
  1.1.1　互联网发展的三大阶段 ····························002
  1.1.2　Web 3.0 变革：去中心化重塑网络运行体系 ····················004

1.2　核心特点：三大标签定义 Web 3.0 ·······························006
  1.2.1　自主性：用户拥有数据自主权 ························006
  1.2.2　隐私性：隐私计算实现数据隐私保护 ·····················008
  1.2.3　用户共建：形成用户主导的互联网生态 ····················010

1.3　发展趋势：Web 3.0 逐渐来临 ··································014
  1.3.1　现实世界与虚拟世界逐渐融合 ························014
  1.3.2　Web 3.0 应用逐渐爆发 ··························016

第 2 章　技术架构：以区块链为基础，融合多种技术 ························018

2.1　区块链技术拆解 ··019
  2.1.1　分布式账本：助力数据安全存储 ·······················019

2.1.2 非对称加密：验证数据归属……021
2.1.3 共识机制：统筹节点，推动运行……022
2.1.4 智能合约：应用的执行……025

2.2 区块链助力 Web 3.0 运行……026
2.2.1 五大特征，实现海量数据有序运行……026
2.2.2 去信任环境，破解互联网交易信任危机……028
2.2.3 NFT：万物皆可交易……029

2.3 区块链融合多种技术，实现价值爆发……031
2.3.1 区块链+5G：增强网络扩展性……031
2.3.2 区块链+AI：增强网络智能性……032
2.3.3 区块链+物联网：赋能产业链金融……033

第 3 章 金融系统：DeFi 实现去中心化金融方案……036

3.1 DeFi 的核心特点……037
3.1.1 信息公开透明……037
3.1.2 自由组合、高度延展……038
3.1.3 去中心化交易……039

3.2 三大应用场景……042
3.2.1 金融服务：去中心化借贷与去中心化保险……042
3.2.2 去中心化交易：数字货币自由交易……044
3.2.3 DeFi 衍生品：六大方向解析……045

3.3 DeFi 的应用探索……049
3.3.1 云链结合：腾讯探索数字经济新生态……049
3.3.2 蚂蚁生态：DeFi 新项目……051

第 4 章 组织形态：DAO 开启治理新模式 053

4.1 七大维度拆解 DAO 054
- 4.1.1 定义：去中心化自治组织 054
- 4.1.2 分类：六大组织场景 055
- 4.1.3 职能：多方面赋能组织运行 056
- 4.1.4 工具：多种工具建立多层级架构 057
- 4.1.5 治理架构：目标是达成共识 058
- 4.1.6 优势：透明+民主+去信任+包容 059
- 4.1.7 利弊权衡：DAO 运行中的诸多矛盾 060

4.2 行业生态：DAO 的核心要素 062
- 4.2.1 共同目标：组织运转的前提 062
- 4.2.2 分工协作：去中心化的组织协作方案 063
- 4.2.3 酬劳发放：向贡献者发放酬劳 064

4.3 DAO 的未来机会 066
- 4.3.1 DAO+人工智能：流畅的智能化管理 066
- 4.3.2 DAO+社交：去中心化社交网络 068

第 5 章 商业模式重构：Web 3.0 构筑新商业 070

5.1 用户重构：以虚拟化身体现用户数字身份 071
- 5.1.1 虚拟化身体现用户的数字身份 071
- 5.1.2 虚拟化身成为新的商业目标 073
- 5.1.3 用户以虚拟化身参与多种商业活动 074

5.2 产品重构：虚拟产品风潮渐起 076

    5.2.1　NFT赋能，虚拟产品的流通得以实现……076
    5.2.2　虚拟产品销售：企业推出NFT产品成为趋势……077
  5.3　场景重构：商业活动实现虚拟化……080
    5.3.1　生产虚拟化：数字孪生助力虚实协作……080
    5.3.2　营销活动虚拟化：XR营销创造新体验……082
    5.3.3　商业服务虚拟化：虚拟客服进驻更多企业……084
    5.3.4　厚工坊：解锁虚拟发布会……084

第6章　商业战略迭代：Web 3.0改写企业战略……087

  6.1　Web 3.0开启企业战略迭代新契机……088
    6.1.1　传统市场竞争激烈，常规战略难见成效……088
    6.1.2　Web 3.0剑指虚拟世界，开启市场新空间……090
    6.1.3　多企业实践，虚拟世界盈利大有可为……092
  6.2　多战略迭代，探索企业发展新路径……094
    6.2.1　定位：聚焦用户在虚拟世界中的需求……094
    6.2.2　产品：虚拟产品+虚拟体验，做出情绪价值……096
    6.2.3　营销：借助虚拟技术创新营销方案……098
  6.3　Web 3.0时代，众企业加速战略布局……101
    6.3.1　阿里巴巴：聚焦多种区块链项目……101
    6.3.2　腾讯：借NFT游戏拓展Web 3.0业务……104
    6.3.3　百度：用Web 3.0的方式赋能品牌营销……105

第7章　企业营销变革：Web 3.0助推营销"破圈"……108

  7.1　技术赋能，扩展营销空间……109

7.1.1 VR：打造实时沉浸式营销空间 ··· 109

7.1.2 AR：现实空间与虚拟场景联动 ··· 111

7.1.3 Gucci 携手 Roblox，开展多重虚拟营销 ···································· 112

7.2 虚拟数字人：企业营销好帮手 ·· 114

7.2.1 虚拟偶像变身代言人，引来年轻用户 ······································· 114

7.2.2 打造品牌虚拟代言人，强化品牌符号 ······································· 117

7.2.3 打造自有虚拟主播，开启直播带货新模式 ··································· 119

7.3 NFT 联动产品，打通营销策略 ·· 121

7.3.1 紧跟 NFT 潮流，推出数字藏品 ··· 121

7.3.2 NFT 作为产品兑换券，引发用户关注 ······································· 123

7.3.3 联动 NFT 项目，实现跨界营销 ··· 124

第 8 章 企业品牌迭代：Web 3.0 提供品牌成长新路径 ···················· 125

8.1 Web 3.0 时代，打开品牌成长新空间 ·· 126

8.1.1 以全新品牌理念，建立全新品牌共识 ······································· 126

8.1.2 融合多种技术手段，实现品牌声量持续传播 ································· 127

8.2 传统品牌迭代路径：向着虚拟世界进发 ·· 129

8.2.1 虚拟产品+虚拟代言人，提升品牌虚拟化程度 ······························· 129

8.2.2 品牌延伸：在传统品牌之外，创立旗下虚拟品牌 ···························· 131

8.2.3 收购虚拟潮牌，完善品牌布局 ··· 132

8.2.4 三星：以区块链项目布局 Web 3.0 生态 ···································· 133

8.3 新兴虚拟品牌爆发，成为市场潮流 ·· 135

8.3.1 The Fabricant：虚拟世界的"时尚衣橱" ··································· 135

8.3.2 RTFKT Studios：以虚拟球鞋走红，搭上发展顺风车 ························ 137

8.3.3　Meta Street Market：以虚拟球鞋进军市场 ················ 138

第 9 章　企业 IP 重塑：Web 3.0 重塑企业 IP 活力 ············ 141

9.1　企业 IP 建设的三大维度 ················ 142

9.1.1　产品 IP：以爆款产品树立 IP ················ 142

9.1.2　企业 IP：多重宣传，强化势能 ················ 143

9.1.3　创始人 IP：创始人站到台前，为企业代言 ················ 144

9.2　Web 3.0 时代，企业 IP 建设出现新路径 ················ 147

9.2.1　产品 IP：以数字藏品加深产品认知 ················ 147

9.2.2　企业 IP：打造虚拟总部，拓展企业符号 ················ 149

9.2.3　创始人 IP：打造创始人的虚拟形象 ················ 150

9.2.4　网龙公司：虚拟数字人成为 CEO ················ 151

9.3　IP 重塑凸显商业价值 ················ 154

9.3.1　数字文创赛道兴起，多企业布局国潮 IP ················ 154

9.3.2　无聊猿 IP 火热，多方扩展形成 IP 生态 ················ 158

第 10 章　创作者经济爆发：Web 3.0 时代，人人皆可获利 ············ 161

10.1　Web 3.0 时代，创意更有价值 ················ 162

10.1.1　明确版权归属：链上存储，破解复制风险 ················ 162

10.1.2　多重收益：NFT 发行与交易 ················ 163

10.1.3　平台身份转变：从提供内容到提供工具 ················ 165

10.2　NFT 创作：展现虚拟作品的价值 ················ 168

10.2.1　NFT 铸造：将现实作品转化为 NFT ················ 168

10.2.2　AI 创作：智能生成 NFT 作品 ················ 169

10.3 职业转变：Web 3.0 时代的新兴职业 ……………………………… 172

    10.3.1 虚拟形象设计师：定制个性化的用户虚拟形象 …………… 172

    10.3.2 虚拟服装设计师：创作虚拟服装 …………………………… 174

    10.3.3 虚拟建筑师：在虚拟世界中打造虚拟场景 ………………… 176

第 11 章 创投展望：Web 3.0 领域的创投机会 ……………………… 178

11.1 头部 VC 进场，Web 3.0 市场火热 …………………………………… 179

    11.1.1 a16z：多领域投资，助力初创企业发展 …………………… 179

    11.1.2 红杉资本：推出 Web 3.0 专项基金 ………………………… 180

11.2 Web 3.0 领域的创业机会 ……………………………………………… 182

    11.2.1 以技术为依托，打造去中心化交易平台 …………………… 182

    11.2.2 以内容创作为目标，提供开放的虚拟内容创作平台 ……… 183

    11.2.3 聚焦用户需求，推出沉浸式体验产品 ……………………… 185

    11.2.4 聚焦虚实连接，提供虚拟入口 ……………………………… 187

11.3 Web 3.0 领域的投资机会 ……………………………………………… 190

    11.3.1 关注核心产品，一些 Web 3.0 公司值得期待 ……………… 190

    11.3.2 关注 NFT 项目，数字藏品投资展现潜力 …………………… 192

第 1 章

解码 Web 3.0：新一代去中心化互联网

Web 3.0 是新一代去中心化互联网。Web 3.0 的去中心化主要体现在用户可以创造、主导内容和应用，实现内容共建，并且共享价值。本章将为读者解码 Web 3.0，带领读者了解新一代互联网。

CHAPTER 1

1.1 互联网迭代：Web 3.0 到来

互联网是通信技术发展的重要成果，对社会发展产生了重要的影响。随着信息技术与经济的发展，互联网经历了几轮迭代，目前正处于从 Web 2.0 向 Web 3.0 过渡的重要节点，加强对 Web 3.0 的前瞻研究，有利于促进我国未来互联网的基础设施建设。

1.1.1 互联网发展的三大阶段

随着技术的不断发展，互联网也在不断更新迭代。互联网的发展分为三大阶段，分别是 Web 1.0 阶段、Web 2.0 阶段和 Web 3.0 阶段。

1. Web 1.0 阶段

Web 1.0 即第一代互联网，它是静态互联网，以各种各样的门户网站为表现形式，为用户提供带有文本和图片的静态页面。用户只能依靠邮箱、搜索网站和门户网站，对信息进行搜集、浏览和阅读。网站的编辑管理权限由网站开发者掌握，用户只能被动接收信息，网站提供什么，用户就浏览什么。

Web 1.0 主要有两个特点：一是信息的单向传播性，即信息只能由内容建设者发布，用户只能被动接收信息，二者无法进行交流互动。二是网站上的内容所有权属于内容建设者。

2. Web 2.0 阶段

Web 2.0 即第二代互联网，它是大数据互联网，以多种多样的 App（Application，应用程序）为表现形式，具有极强的交互性。在这一阶段，用户不再只是内容的接收者，也是内容的创作者。用户不仅可以浏览多样化的内容，也可以自己创作内容并上传到网络平台。同时，Web 2.0 也实现了用户之间的互动，用户可以相互转发、分享、评论，具有交互性。

Web 2.0 主要有两个特点：一是内容发布的交互性，即用户可以主动生成内容进行发布，并与其他用户进行交互。二是用户创作的内容所有权属于平台，即用户可以在平台上进行交互，却无法拥有数据，而是由平台负责存储、管理数据。

3. Web 3.0 阶段

Web 3.0 即第三代互联网，它是依托区块链的去中心化互联网，也是互联网发展的下一阶段。在 Web 3.0 时代，借助多样化的技术，能够保障用户创作内容的归属权。用户创作的内容由平台无偿占有转变成为用户自己所有。

Web 3.0 的主要特点是内容由用户创作、用户所有。内容的归属权由用户掌握，合理地维护了用户的利益。在这一阶段，以攫取用户内容价值为生的平台将退出或转型，它们将被新型的去中心化系统所取代。

1.1.2　Web 3.0 变革：去中心化重塑网络运行体系

Web 3.0 时代最主要的特点是依托区块链技术的去中心化。去中心化指的是所有用户能够共建内容、共享价值。用户访问互联网，不再需要借助百度、腾讯等"中介"网站，而是可以自己拥有、管理互联网的各个部分。Web 3.0 的去中心化将重塑网络运行体系，带来三大变革，如图 1-1 所示。

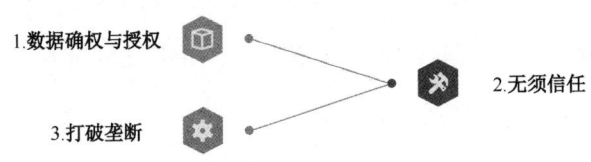

图 1-1　Web 3.0 带来的三大变革

1. 数据确权与授权

在 Web 2.0 时代，用户经常会被大数据滥用所困扰。例如，遇到喜欢的东西在页面上多停留一会儿，就会发现购物网站页面上充满了同款商品；外卖软件会给不经常点外卖的用户送大额优惠券；心仪的航班多点击几次，不久之后就会发现价格上涨。借助大数据，平台对用户的喜好、消费水平等信息了如指掌。这是因为平台常年收集用户信息并进行分析。平台通过对用户喜好的分析，投递特定广告，获得广告收益。平台不仅窥探用户的隐私，还利用用户的隐私牟利。

在 Web 3.0 时代，这种情况将得到改善。依托区块链技术的数据确权与授权，可以使用户拥有个人数据的使用权与所有权，对个人隐私进行保护，避免平台泄露个人数据。在 Web 3.0 时代，平台想要获得用户数据必须得到用户许可，以用户为中心取代以平台为中心，形成去中心化格局。

2. 无须信任

在 Web 2.0 时代，用户需要信任某个中心化平台，才能进行某些操作。但是，信任意味着权利的让渡，用户信任某个平台的同时，也允许该平台随意使用其权利。在这种情况下，平台滥用权利的情况必然会出现。

在 Web 3.0 时代，借助区块链技术实现的去中心化服务使得用户在进入平台时无须信任该平台。对于发生在区块链上的交易，任何用户都可以对交易的真实性进行确认，而不需要信任某个平台。用户不再盲目信任中心化平台，而是自己确认事实。

3. 打破垄断

在 Web 2.0 时代，网络空间被许多大型平台所垄断，而 Web 3.0 的到来则可以打破垄断。Web 3.0 鼓励生态项目在公链上繁荣发展，打造公平、公开的竞争环境。各条公链上的项目和谐相处、繁荣共进，共同创造多元化世界。

在 Web 3.0 时代，去中心化成为重要的发展趋势。去中心化将重塑网络运行体系，打造一个以用户为中心的网络世界。

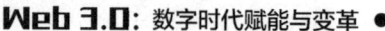

CHAPTER 1

1.2 核心特点：三大标签定义 Web 3.0

目前，关于 Web 3.0 仍没有一个准确的定义，但其作为互联网发展的下一阶段，具有自主性、隐私性、用户共建这三大标签。

1.2.1 自主性：用户拥有数据自主权

互联网是新技术落地应用的重要支撑，随着信息技术的发展，互联网也在不断演进。从早期的 Web 1.0 到即将到来的 Web 3.0，互联网实现了功能的多次迭代。

在 Web 1.0 时代，用户只能被动地浏览互联网平台提供的内容，是内容消费者。在 Web 2.0 时代，除内容消费者的身份外，用户还可以成为内容生产者，但用户创作内容的规则由平台制定，用户本身缺乏自主权。在 Web 3.0 时代，以往的网络体验限制将被打破，用户将拥有更多自主权，如图 1-2 所示。

1. 自主管理身份

在 Web 2.0 时代，用户可以在不同平台建立不同的数字身份，但缺乏管理数字身份的自主权。数字身份依托互联网平台而存在，一旦平台关闭，用户在其中的数字身份也将不复存在。同时，不同互联网平台中的数字身份相互独立，难以实现互通，这为用户管理数字身份带来诸多不便。而在 Web 3.0 时代，借助区块链技术，可以建立一种全新的分布式数字身份管理系统，实现数字身份的去中心化管理。在这种情况下，用户的数字身份不依托某一互联网平台而存在，用户拥有更多的管理自主权。

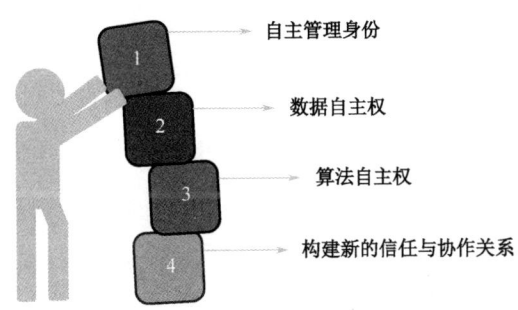

图 1-2　Web 3.0 赋予用户更多自主权

2. 数据自主权

在 Web 2.0 时代，用户的数据由互联网平台方所掌控，用户要想使用平台，就必须允许其访问自身的部分数据。而一旦平台过度采集数据，就会侵害用户隐私，而且平台数据泄露会对用户造成很大困扰。在 Web 3.0 时代，区块链技术可以实现用户数据的去中心化存储。用户可以自由决定自身数据与谁共享、作何用途等，在未经用户许可的情况下，其他主体不能访问用户的隐私数据。

3. 算法自主权

在 Web 2.0 时代，算法是互联网平台的专属工具，是其洞察用户需求、推送个性化内容的制胜法宝，但这也引发了大数据"杀熟"、过度激发等问题。而在

Web 3.0 时代,公开、透明的智能合约将赋予用户更多算法自主权。基于代码的透明性,用户能够对可能存在的算法滥用、算法偏见等进行检查,以保证算法的合理性。

4. 构建新的信任与协作关系

在 Web 2.0 时代,基于互联网平台在资源、算法等方面的优势,其与用户难以形成对等的关系,同时在双方的协作过程中,也缺少一种完善的信任机制。这使得平台难以获得用户的完全信任。而在 Web 3.0 时代,所有的协作都可以基于智能合约实现,一旦触发了执行条件,智能合约就会自动执行,用户不必担心对方失约、毁约等问题。基于智能合约,用户与互联网平台能够在去信任化的环境中进行各种协作。

总之,在 Web 3.0 时代,用户能够打破平台的限制,拥有更多自主权,获得更加自由的互联网体验。

1.2.2　隐私性:隐私计算实现数据隐私保护

Web 3.0 时代主张去中心化,将数据的所有权归还给用户,鼓励用户自主管理数据。在这一前提下,数据隐私保护是维护用户数据安全和扩大加密市场的基础,其重要性大大增加。因此,Web 3.0 时代十分重视数据隐私保护,并引入了隐私计算。

隐私计算指的是在保护数据隐私安全的前提下,对数据进行计算、分析,为数据在多领域的流通提供安全保障。隐私计算的构成极为复杂,涉及密码学、统计学、人工智能等学科,因此对技术水平要求很高,发展进程也较为缓慢。隐私计算主要有以下 3 种类型，如图 1-3 所示。

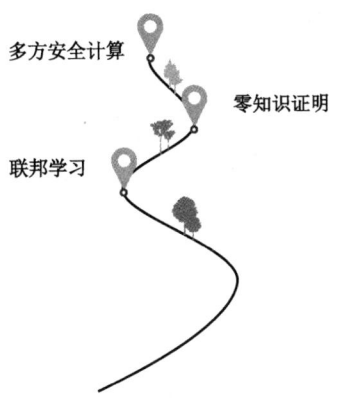

图 1-3　隐私计算的 3 种类型

1. 多方安全计算

多方安全计算（Secure Multi-Party Computation）属于密码学应用类，由姚期智于 1982 年提出，是一种解决两人间单向验证问题的方法。它指的是各个用户在不泄露隐私数据的前提下，利用隐私数据共同参与保密计算，完成某项计算任务。多方安全计算一是要用户共同参与，二是要保证数据安全运行。例如，某个用户需要从保险箱中取出某个物品，但打开保险箱需要所有用户共同协作，每个用户的协作方法不同，不能随意改变，不能轻易透露。这种协作方法保证了保险箱的密码安全。多方安全计算涉及的用户较多，需要的技术也相对复杂，在技术水平和安全保障方面提出了更高的要求。但该技术满足了用户利用隐私数据进行保密计算的要求，有效解决了数据隐私性与数据共享性之间的矛盾。

2. 零知识证明

零知识证明是密码学应用的分支之一，指的是证明者在不向验证者提供有用

信息的前提下,使验证者相信某个结论是正确的。验证者除了知道结果是正确的,其他一无所知。例如,证明者说自己知道房间内有一个气球,并用自己的钥匙将房门打开,拿出气球,从而向验证者证明其确实拥有钥匙。这就是零知识证明,但上述案例需要保证验证者与证明者无法相互欺骗。

零知识证明是一种神奇的加密形式,许多区块链项目都采用了这种隐私计算方法。例如,加密风投机构 a16z 推出的风投工具便使用了这种方法,用来保护用户的数据隐私。

3. 联邦学习

联邦学习是一种以人工智能为基础的技术,用于保护大数据交换的信息安全和数据隐私安全。联邦学习分为横向联邦学习、纵向联邦学习和联邦迁移学习。随着隐私计算的商业化发展,以联邦学习为代表的隐私计算成为保护数据安全的重要技术。

Web 3.0 时代主张保护用户权利,以去中心化的模式将权利归还给用户,打造去中心化的网络环境。在这样的背景下,Web 3.0 将利用更多技术来保护用户隐私,实现数据隐私安全。

1.2.3 用户共建:形成用户主导的互联网生态

Web 3.0 致力于构建一个依托区块链技术、以用户为主导的网络生态体系。在 Web 3.0 时代,用户之间进行交互,并在交互中运用各种技术实现内容的创造和价值的分配、流通,形成往复循环的体系,构成 Web 3.0 生态。相比于 Web 2.0 的中心化特征,Web 3.0 想要打造用户所有、用户共建的去中心化平台。Web 3.0 生态体系主要由以下 4 个模块组成,如图 1-4 所示。

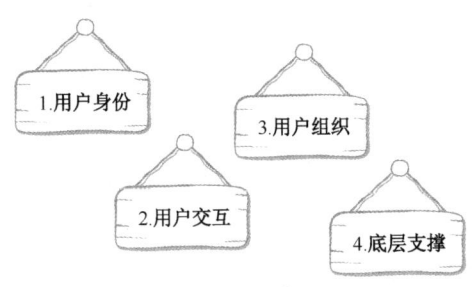

图 1-4　Web 3.0 生态体系的 4 个模块

1. 用户身份

在 Web 2.0 时代,很多用户都有每注册一个新平台都需要输入手机号码和验证码登录的经历,手机里充满了服务商发来的验证码。

Web 3.0 时代则省去了上述烦琐的操作,用户以分布式数字身份(Decentralized Identity,DID)参与网络世界的交互。该身份为用户所有,完全由用户自己掌控。

在 Web 3.0 时代,用户可以将自己在不同平台的身份认证信息存储在区块链地址中,这个区块链地址也是用户的钱包地址。用户普遍使用钱包来保存和管理 DID,通过钱包登录各个应用。

在 Web 3.0 中,很多用户交互都会涉及数字资产,因此可以用保管数字资产地址的钱包作为身份载体,使用户能够自主保护私有财产与身份隐私。用户可以利用钱包管理 DID,进入 Web 3.0 生态体系。与 Web 2.0 相比,Web 3.0 更注重用户身份的安全性与私密性。

2. 用户交互

在 Web 3.0 时代,用户通过特定的应用和平台进行交互,实现数据在不同平

台间的流转,最终构成完整的 Web 3.0 世界。价值的创造、分配与流通也在用户的操作中一一实现。

在 Web 2.0 时代,用户创造的内容价值大多由中心化平台获得,而在 Web 3.0 时代,在区块链技术的支持下,用户创造的内容价值将转化为数字资产,分配到用户的账户中。

3. 用户组织

Web 3.0 的生态建设离不开协作,能够使用户进行有序协作自治的组织是 DAO(Decentralized Autonomous Organization,去中心化自治组织)。DAO 是一种依托区块链而形成的组织形态,因此它是去中心化的,能保证社区自我治理的公平性。

区块链为 DAO 的建立提供了技术支持。DAO 的组织规则通过区块链的智能合约进行编写,由程序执行。同时,规则存储于区块链上,具有不可更改性。DAO 在 Web 3.0 生态系统中的渗透率越来越高,根据 DeepDAO 的统计数据,截至 2022 年 4 月 5 日,全球已经有 4833 个 DAO。

4. 底层支撑

区块链技术和分布式存储为 Web 3.0 提供了底层支撑。以太坊将智能合约运用在区块链上,使编程、开发能够在区块链上进行。自此之后,去中心化应用如雨后春笋般诞生,共同构成了 Web 3.0 生态体系。

分布式存储为 Web 3.0 提供了数据存储层。在 Web 3.0 生态体系中,用户交互活动产生的所有数据都需要以去中心化的方式存储。在这种方式下,数据不需要由第三方平台托管,有利于实现数据价值归用户所有,形成用户主导的 Web 3.0

生态体系。

例如，IPFS（Inter-Planetary File System，分布式文件系统）是实现分布式存储的方式之一，一般用于存储和访问文件、网站和应用程序的数据。因其具有去中心化、用户所有、用户共建等特点，所以 IPFS 是典型的 Web 3.0 生态应用。

Web 3.0 从生态体系的 4 个模块入手，致力于为用户搭建一个能自己掌握数据的去中心化平台。未来，用户能够与其他用户一起共建平台，创作优质内容。

CHAPTER 1
1.3 发展趋势：Web 3.0 逐渐来临

区块链技术为 Web 3.0 提供了底层支撑，5G、人工智能、云计算为 Web 3.0 提供了速率更高的数据运算，VR、AR 等技术为 Web 3.0 提供了形态呈现方式，各大科技巨头的入局促使相关产业迅猛发展，Web 3.0 正渐行渐近。

1.3.1 现实世界与虚拟世界逐渐融合

Web 3.0 时代的到来将为人们打开虚拟世界的大门。未来，借助各种技术，用户会以虚拟数字人的身份在虚拟世界中进行社交、生活、娱乐等活动，现实世界与虚拟世界逐渐融合。

Web 3.0 虚拟世界的构成元素如图 1-5 所示。

1．基础设施：物联网

在 Web 3.0 中构建的虚拟世界必然需要物联网来承载。物联网是实现万物互联的网络。例如，家庭中冰箱、空调、电视机等电子设备联网，都是物联网的功劳。IPv6（Internet Protocol Version 6，互联网协议第 6 版）可为万物互联提供足够的地址，但其规模部署才刚刚开始，因此距离万物互联还有很长的路要走。

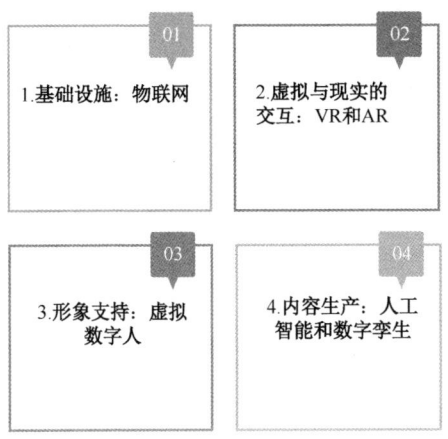

图 1-5　Web 3.0 虚拟世界的构成元素

2．虚拟与现实的交互：VR 和 AR

VR（Virtual Reality，虚拟现实）能够为用户提供沉浸式体验。AR（Augmented Reality，增强现实）能够在 VR 的基础上，将虚拟事物投射到现实世界中。这些交互技术为用户带来了更加新颖的交互方式，以及更具沉浸感的交互体验。它们为 Web 3.0 时代现实世界与虚拟世界的融合提供了设备支持。

3．形象支持：虚拟数字人

在 Web 3.0 时代，虚拟数字人技术将得到发展。用户可以通过虚拟数字人平台制作符合自己喜好的虚拟数字人，将其作为自己的虚拟化身，进入 Web 3.0 世界进行沉浸式探索。

我国的虚拟数字人市场正处在发展前期。根据相关资料，预计到 2030 年，我国虚拟数字人市场规模将达到 2700 亿元。

4. 内容生产：人工智能和数字孪生

未来，Web 3.0 虚拟世界中将包含海量内容，大部分内容由人工智能创造。人工智能可以自动生成大量不重复的内容，推进对虚拟世界的建设；可以对海量内容进行逐一审查，保证虚拟世界的安全运行。

数字孪生强调虚拟世界与现实世界的一致性。借助数字孪生技术可以生成与现实世界一模一样的虚拟世界。用户在虚拟世界中可以获得和现实世界中相同的体验。据 IDC（Internet Data Center，互联网数据中心）预测，随着人工智能与数字孪生技术的发展，到 2024 年，我国将有 40%的城市实现与虚拟世界的融合，提高城市运行效率。

Web 3.0 作为下一代互联网，所构建的虚拟世界能够使用户产生沉浸感，获得全新体验。未来，现实世界与虚拟世界将逐渐融合，用户可以在虚拟世界中获得更丰富的体验。

1.3.2　Web 3.0 应用逐渐爆发

目前，Web 3.0 相关技术的发展已经有了一定的基础，下一步就是实现相关应用的大众化发展。

未来，Web 3.0 应用将迎来爆发式增长。现有网络中的很多原生应用将以 Web 3.0 技术和堆栈为基础，实现去中心化，切入更多的用户真实场景和真实需求。例如，现在的互联网平台的账户体系是相互独立的，用户参与其中需要多个账户和密码，数据不互通，形成了众多数据孤岛。而在 Web 3.0 时代，人们可以利用唯一的数字身份通行于不同的社交平台，同时不暴露自己的隐私，实现体验和安全的双重升级。

许多投资机构已经将目标瞄准了 Web 3.0。例如，头号加密投资机构 a16z 在 Web 3.0 领域的布局涵盖游戏、去中心化金融等领域；红杉资本从 2022 年 1 月开始，以几乎每周一家的投资速度，参投了 22 家 Web 3.0 领域的公司，覆盖 NFT、游戏、元宇宙、交易平台、DeFi 等领域。

然而，以现阶段的技术，发展大众化 Web 3.0 应用还面临一些挑战。

以社交应用为例。在数据库层面，由于人们的社交活动持续而频繁，社交数据不仅体量庞大，而且更新速度非常快，要彻底实现去中心化的数据存储、描述、管理还是一个挑战。此外，目前区块链上的每次存储都要计算服务费，这导致即时、高频地更新社交数据库的成本非常高。显然，现在还需要新的存储技术来满足即时的数据存储需求。

总体来讲，Web 3.0 是一个机遇，它将推动一些新应用的出现，而这些应用会倒逼技术的发展，由此经历一个长期的动态过程，直到实现应用大规模换新的目标。

第 2 章

技术架构：以区块链为基础，融合多种技术

Web 3.0 的技术架构分为基础层、平台层、应用层，其中基础层由区块链技术构成。Web 3.0 以区块链为基础，深度融合多种技术。

2.1 区块链技术拆解

区块链是 Web 3.0 的技术基础,可以被拆解为分布式账本、非对称加密、共识机制、智能合约 4 个部分。这 4 个部分相互协作、共同作用,促进区块链技术的持续发展。

2.1.1 分布式账本:助力数据安全存储

分布式账本也被称为共享账本,是一种能在用户之间同步共享的数据记录方式。分布式账本能够准确、毫无遗漏地记录用户之间的交易。分布式账本存储的内容丰富,可以是实体资产,也可以是电子资产。分布式账本通过公钥、私钥及签名来控制其访问权,保证其存储资产的安全性。

分布式账本是一种去中心化的分布式数据库,与中心化数据库相对应。早期互联网使用的是中心化数据库,用户的信息被集中存储在一个巨大的数据库中。这意味着,一旦这个数据库发生问题,用户的信息就会面临巨大的风险。

分布式账本则可以规避这种风险。分布式账本是建立在区块链上的分布式数据库,由一个个数据库连接起来,共同构成一个大的数据库。这样做的好处在于

单个数据库发生问题，不会影响其他数据库。同时，每个数据库的数据权限相同，有权限的用户可以查看所有数据。

分布式账本相当于每个用户都拥有共同的账本，每笔交易都被记录在册，如果有用户篡改历史记录，立刻就会被人发现。这个账本对每个用户开放，只要获得区块链许可就可以参与其中。

分布式账本具有以下好处。

1. 数据透明

分布式账本是对中心化系统的巨大升级，为用户提供交易的全部记录，保证数据的不变性和透明性。任何用户都可以进入分布式账本并查看发生了什么交易，实现了数据透明。

2. 安全替代

分权是分布式账本的基础。在分布式账本中，信息泄露的风险从一个集中目标转移到数以万计的较小目标。这些较小的目标没有大量有价值的资产，因此遭受攻击的可能性较小。

3. 降低成本

分布式账本去中心化的性质使其成为寻求安全网络解决方案的公司的最优选择。例如，分布式账本可以消除对第三方验证系统的需求。这些系统会为公司的交易增加成本和时间，因此消除它们可以大大提高工作效率。去中心化的性质更利于公司的运行。

4. 共同协作

分布式账本与 Web 3.0 的整个生态紧密相关。不同于传统记账方式由单一部门来完成记账，分布式账本由所有用户共同协作进行记账，这样有利于打造一个完全公开透明的社区生态，对于用户之间关系的促进和系统的发展都大有好处。

分布式账本是有效保护数据安全的技术之一。未来，分布式账本将继续发展，结合不同的领域发挥更大的价值。

2.1.2 非对称加密：验证数据归属

加密指的是用一种特殊的算法改变信息数据的方法，只有知道解密方法的用户才可以了解已加密的信息。加密分为对称加密与非对称加密。对称加密指的是加密与解密使用同一套密钥。这种方法有两个缺点：一是不安全；二是不能提供身份验证，用户无法确认自己的隐私数据接收方是不是自己想要投递的人。因此，非对称加密应运而生。

非对称加密指的是加密和解密使用两套密钥，一套是公开密钥（Public Key），另一套是私有密钥（Private Key），即公钥和私钥。公钥是公开的，任何用户都可以拥有，而私钥由用户个人保管，不易外泄。用公钥对其中一个私钥进行加密后，只能用相应的另一个私钥才能解密。

在非对称加密中，每一对私钥都是唯一有效的，私密性较强。例如，Alice 与 Bob 利用非对称加密进行交流。Alice 与 Bob 互相交换对方的公钥，手中留有自己的私钥。Alice 向 Bob 发送消息，并用 Bob 的公钥进行加密。Bob 收到 Alice 的消息后，使用自己的私钥进行解密。在这种情况下，二人的聊天信息能够得

到保护，不会外泄。同时，也能够验证信息的归属，加密信息能由谁的私钥打开便归属于谁。

非对称加密可以用于数字签名和数字鉴别。除了拥有能够对数据进行保护、验证数据归属的优点，非对称加密也存在一些缺点：加密算法非常复杂，数据的安全性依赖算法与密钥，庞大的算法使加密与解密的效率相对较低。

2.1.3 共识机制：统筹节点，推动运行

共识机制指的是对区块链上的各个节点进行投票，达成共识，完成对数据的验证和修改。各个节点达成共识有利于促进区块链上的节点相互信任。区块链的共识机制采取"少数服从多数"和"人人平等"的做法。"少数服从多数"可以指节点个数，也可以指计算能力或股权数。"人人平等"指的是满足条件的节点有权优先提出共识结果，被其他节点认同后有可能成为最终共识结果。

例如，采用工作量证明机制的比特币只有在控制51%的记账节点的情况下，才有可能伪造一条记录。但是，这在有足够节点的区块链上基本上属于无法办到的事情，因此杜绝了造假的可能。由于共识机制的存在，区块链上的问题基本上都能够被及时解决。用户可以共同维护数据安全，维护热情也被进一步激发。常见的共识机制主要有以下几种。

1. PoW（工作量证明）机制

PoW机制是第一个得到应用的共识机制，运作原理是通过数学计算得出一个满足要求的数字，便可以获得一次记账权，在发布本轮需要记录的数据后，由各个节点验证后进行存储。

比特币采用的就是 PoW 机制。每一个参与共识算法竞争的区块链节点被称为"矿工",而"挖矿"就是求解随机数的过程,最终算出正确答案的"矿工"可以获得当前区块的记账权和比特币奖励,这解决了对比特币网络作出贡献的节点的奖励问题。PoW 机制具有以下优缺点。

优点:

(1)十分公平。PoW 机制将记账权公平地分配给各个节点。能够获得的收益取决于"挖矿"的努力程度。用户越努力"挖矿",所分得的收益就越多,根据其工作量来进行收益分配。

(2)安全性高。欺骗系统需要极高的成本。如果想要作弊,至少要掌握所有人算力的 51%。在不掌握 51%算力的前提下,欺骗系统的成本高于诚实"挖矿",因此安全性极高。

缺点:

(1)耗费时间过长,需要等待多方确认。每个区块确认共识达成的周期接近 10 分钟,十分漫长。

(2)PoW 机制的算力过于集中,偏离了去中心化的轨道。

2. PoS(权益证明)机制

PoS 机制不需要消耗电力来进行运算,而是通过抵押 Token(令牌)来获得打包区块的权利。每发生一笔交易,打包、验证区块的节点便会获得一次奖励,奖励内容是增发或解锁 Token。

PoS 机制的优点:

(1)与 PoW 机制相比,PoS 机制不会造成资源浪费,因为其不依赖算力"挖矿"。

（2）PoS 机制的安全性高，因为用户只有拥有所有人 51% 的代币才能够发起攻击，网络受到攻击也会造成其自身财产损失，十分不划算。

PoS 机制的缺点：

（1）获得加密货币有一定的门槛。用户必须通过购买的方式获得代币，这便提高了门槛。

（2）中心化倾向严重。PoS 机制很容易导致富者越来越富、资源越来越集中的情况出现。

3. DPoS（委托权益证明）机制

DPoS 机制是 PoS 机制的改良版本，即用户通过集体投票的方式选出一定数量的代表，让这些代表为其记账。代表记账获得的奖励有一部分被分给投票用户。

DPoS 机制的优点：

（1）减少了能源和硬件设备的损耗，缩短了区块的产生、确认时间，提高了工作效率。

（2）将区块链运行的决定权分散到"代表"节点手中，采取了更加去中心化的管理方式。

DPoS 机制的缺点是权利容易被少数用户掌控，用户的投票积极性不高，极容易变成弱中心化。

共识机制是对"矿工"，即各节点奖励规则的约定。"矿工"的奖励来自两个方面：一是"矿工"建立新区块的新币奖励，二是"矿工"进行计算并交易的交易费。为了体现奖励规则的公平、公正，共识机制还要建立新区块建立和验证的规则。

共识机制解决了在一个分布式记账系统中如何达成一致的问题。共识机制能够合理统筹节点，推动网络高效运行。未来，共识机制将为实现网络的高去中心化、高效率和高安全性的统一做出更多努力。

2.1.4 智能合约：应用的执行

智能合约是一段被记录在区块链上的代码，一旦满足合约中的条件，无须人为操控便能自动执行合约。智能合约能够根据预设条件自动执行，具有准确、高效的特点。

智能合约流程主要包括制定合约、事件触发、价值转移和执行合约。交易双方对条款达成一致便可编写智能合约代码。事件将会触发合约的执行，根据合约的预设条件，进行价值的转移。区块链上的资产将会自动进入用户账户，完成结算。

智能合约可以应用在许多领域。例如，当用户在淘宝网进行购物时，并不需要亲自付款。当购买的物品发货时，智能合约便会自动执行，代替用户进行付款。"物品发货"是智能合约的触发条件，只要满足条件，系统便会自动执行合约。

同样，发生纠纷时，用户也不需要亲自解决，一切都可以交给代码来处理。以购买最常见的外卖延误险为例，有了智能合约以后，理赔流程会更加简单。具体来讲，购买外卖的用户信息会以智能合约的形式记录并存储在区块链中，只要外卖员延误且符合理赔条件，理赔款就会在第一时间自动划到用户的账户中。这不仅提高了处理问题的效率，还节省了用户在追讨理赔款过程中消耗的时间和精力。

通过以上案例可知，智能合约可以节约人力支出，提升企业工作效率，为人们的生活提供便利。同时，由第三方执行合约也避免了交易中存在的信任问题。

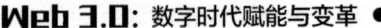

2.2 区块链助力 Web 3.0 运行

区块链作为具有颠覆性的底层技术，为 Web 3.0 的运行提供了极大的助力。依托区块链而形成的去中心化机制，构建了以用户为中心的网络世界；去信任的环境，破解了互联网的信任危机。未来，区块链将同大数据、人工智能等新技术一起，对社会生活的方方面面进行重构，建立一个自由、开放的 Web 3.0 世界。

2.2.1 五大特征，实现海量数据有序运行

区块链是推动互联网发展的关键技术，也为 Web 3.0 的安全运行提供了完善的机制。区块链依托五大特征实现了海量数据的有序运行，如图 2-1 所示。

1. 去中心化

去中心化是区块链最突出的特征。区块链通过分布式结算和存储的方式运行，不依赖任何第三方管理机构，所有节点有均等的权利和义务，能够实现信息的自我验证、传输和管理。这使得区块链能够避免中心化节点被攻击而导致的数据泄露风险，同时能够提高运行效率。

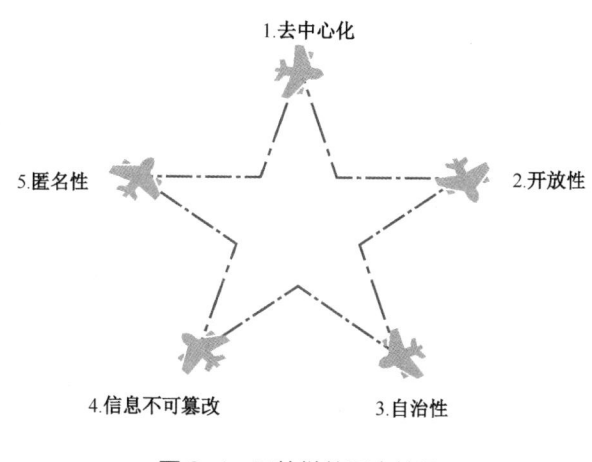

图 2-1　区块链的五大特征

2. 开放性

开放性指的是区块链是一个公开透明的系统，交易各方都可以通过公开入口查询其中的数据和变更历史记录。当然，交易各方的私密信息是被加密的，无法被查看。同时，区块链能够实现多方共同维护，即使个别节点出现了问题，也不影响整个系统的运行。

3. 自治性

自治性指的是区块链基于协商确定的协议运行，只要实现协议中约定的内容，区块链就会自动执行接下来的程序。这能够解决交易中的信任问题。交易各方能够在去信任的环境下基于区块链的验证执行交易，大大提高交易效率。

4. 信息不可篡改

区块链中的信息是不可以被篡改的，一旦交易信息验证通过，就会被永久保存。这使得区块链具有可追溯性，如果交易出现问题，人们可以追溯交易信息，

从而发现是哪个环节出现了问题。

5. 匿名性

区块链上的各交易者拥有一个用数字和字母组成的唯一的地址，用来表明交易者的身份。同时，所有的身份信息都是匿名的，不存在个人信息泄露的风险。

基于以上特点，区块链能够为用户数据存储提供安全保障，保证用户交易、数字资产流通过程中资产和个人信息的安全性。

Web 3.0 时代是一个拥有海量数据的时代，但海量数据只有经过收集、整理、归纳、变形、整合等步骤才能变成可利用的数据库，创造商业价值。创造可利用的数据库是未来数字经济发展的重点方向。区块链拥有去中心化、信息不可篡改等特征，有利于构建安全性更高的数字经济体系。而区块链作为 Web 3.0 的技术支撑，也会使 Web 3.0 的交易变得更加可信。

2.2.2 去信任环境，破解互联网交易信任危机

资金清算滞后性使用户对传统的中心化支付产生了怀疑，而依托区块链存在的去中心化支付则避免了这一弊端，支付的安全性有了更高的保障，用户的交易信任程度也大大提高。

当前的支付生态虽然相比过去有了巨大的改善，但资金运作仍是中心化的，每个支付机构都需要在约定时间将上一周期的所有支付行为所对应的资金与相关机构进行交换。也就是说，在中心化模式中，资金清算是滞后的，信息系统需要等待资金处理结果。资金清算滞后导致交易系统和对账系统的运行是分离的，这既加重了开发负担，又造成了管理混乱，导致跨支付机构合作几乎不可能实现。

另外，支付机构的体量越大，资金风险就越高，而人们只能寄希望于该机构的 IT 技术和管理能力。但目前各家支付机构的水平参差不齐，除了依据牌照资质对它们进行甄别，没有其他更权威的方法来甄别支付机构的水平。

区块链的出现则为解决这一问题提供了一种新的可能。资金清算存在滞后性是因为传统支付模式下的资金流转成本较高，而智能合约等区块链技术能在确认交易的同时更改数字货币的归属方，从而同步进行交易与清算。这会从根本上颠覆当前的支付和清算系统。首先，不再需要对账系统和清算人员，因为资金已经实时转移了；其次，交易接口可以变得更加灵活；最后，交易的安全性也有一定的保障，每笔交易都可以追溯来源，任何"暗箱操作"都将不复存在。

交易风控和智能合约为安全交易保驾护航，破解了互联网交易的信任危机，使用户的交易能够在区块链内有保障地进行。

2.2.3　NFT：万物皆可交易

NFT（Non-Fungible Token，非同质化代币）是区块链中独特的数据单元，其具有唯一性，可以作为一种值得信任的数字凭证，解决用户数字资产所有权的问题。在 NFT 领域，万物皆可交易。

NFT 的可交易性得益于锚定价值和确权。NFT 锚定价值指的是 NFT 能够映射特定资产，如游戏装备、虚拟土地等，甚至实体资产。NFT 通过智能合约记录特定资产的相关权利、交易信息，并在区块链上生成一个无法篡改的独特编码，确定该资产的所有权。

NFT 确定了特定资产的所有权，这意味着资产可以交易。因为区块链上的信息具有不可篡改的特点，所以特定资产的所有权是真实、唯一的，并能通过 NFT

交易实现转移。

FT（Fungible Token，同质化代币）与 NFT 都具有可交易性，但 FT 锚定的是同质化资产（金属、货币等）的价值，而 NFT 锚定的是非同质化资产的价值。NFT 依靠锚定价值实现数字内容资产化。

NFT 确权指的是赋予数字资产唯一性，使数字资产能够进行交易。以权益、IP 为代表的无形资产，因为难以被定价，所以难以进行交易。但如果将这些无形资产转换成 NFT，就能够拥有数字交易凭证。

NFT 能够成为数字资产的数字凭证，是因为区块链技术使其拥有无法篡改、无法复制、不可分割的特性。例如，"谜恋猫"是一款 NFT 游戏，游戏中红色猫咪与黄色猫咪所代表的价值并不相同。在交易中，两只猫咪既不会相互替代，也不会融为一体。每个 NFT 都有独一无二的信息，确保了 NFT 的不可替代性。

此外，通过建立公开可访问的智能合约，NFT 的所有权将被永久保留在区块链中。它的一系列权限都能够存储在中心化数据库中，不会随着交易平台的消失而消失，而是永久性保留。基于此种特性，NFT 的所有权及元数据能够被溯源，其资产内容和价值都可以得到公开性验证，从根源上打击了数字资产交易中的非法行为。

NFT 锚定价值和确权使得 NFT 产品均可交易。被 NFT 赋能后的数字资产有了新的所有权确认体系，并且能够在多个区块链平台中进行交易，促进了数字经济市场发展。

CHAPTER 2

2.3 区块链融合多种技术，实现价值爆发

区块链作为一种颠覆性技术，正逐步显现其价值，在金融、医疗健康、大数据交易等领域已经得到应用。同时，区块链作为核心技术自主创新的突破口，与5G、AI、物联网等技术相结合，也将迸发出巨大的潜力。

2.3.1 区块链+5G：增强网络扩展性

5G 即第五代通信技术，5G 的普及带动了一大批产业的创新与发展。而 5G 与区块链的结合为区块链提供了更多落地应用的场景，并增强了区块链网络的扩展性，这一点突出表现在区块链在物联网中的应用上。

在物联网的发展过程中，许多互联设备之间的交互和信息传输会对当前的金融基础设施造成巨大的压力。而区块链的安全性、分散性能够解决金融基础设施之间的交互问题。分散的区块链可用作底层协议，为物联网设备之间的交互建立智能合约，十分可靠安全。同时，分散的区块链还能保护物联网设备的身份。

区块链在物联网中有很大的应用潜力，但区块链的扩展性是其应用的一大瓶颈，只有解决区块链的扩展性问题才能促进区块链的应用。5G 能够大幅提高网络

的通信频段，扩展网络使用范围，大大降低延迟，区块链也因此获得更优质的网络。网络质量的提升会让更多的节点加入区块链，这有利于扩大区块链的容量和规模。

智能合约的使用依赖 Oracle（放置在区块链边界上的程序代码），但在当前网络下 Oracle 无法在偏远地区使用。但是，如果通过 5G 网络进行传输，那么 Oracle 的使用范围就可以扩展到偏远地区。同时，5G 深入应用到偏远地区后，可以将更多的移动设备连接在一起，区块链的安全性和分散性也将更有保障。

"区块链+5G"为增强区块链网络扩展性提供了助力。区块链也会在 5G 和物联网的助力下成功落地，实现真正意义上的商用。

2.3.2 区块链+AI：增强网络智能性

AI 即人工智能，是一门研究模拟、延伸人的智能的全新技术，其与区块链结合能够促进彼此发展。"区块链+AI"的优势十分明显，区块链能够为 AI 提供高度可还原的原始数据，AI 能够为区块链提供强大的拓展场景，二者天然优势互补，共同增强网络智能性。

国家互联网金融安全技术专家委员会联合上海圳链公司推出的《"区块链+AI"行业研究报告》指出，"区块链+AI"具有以下优势：一是区块链可以为 AI 数据的安全运行保驾护航；二是区块链可以为 AI 提供强大的数据支持，解决 AI 数据供应问题；三是区块链可以保护数据隐私；四是 AI 可以节省区块链电力消耗；五是区块链能为 AI 的可信度提供保障；六是区块链能够缩短 AI 的训练时间；七是区块链能够打造开放、公平的 AI 市场。

"区块链+AI"能够增强网络智能性，在多个领域发挥作用。例如，在医疗领域，"区块链+AI"被应用于医疗数据加密和医疗计算分析。借助"区块链+AI"，南方电讯和Polycom的远程医疗解决方案已经在全国多个三甲医院、专科医院、医疗企业落地，实现了远程会诊、远程查体等智能化应用，为我国的智慧医疗贡献出了力量。

"区块链+AI"将为用户带来一个全新的领域，企业可以依托这两种技术实现网络智能化，大力探索更多数字化领域，向数字化世界进发。

2.3.3 区块链+物联网：赋能产业链金融

区块链作为基础性技术，能够与许多新技术融合。在物联网领域，区块链也可以创造无限可能。"区块链+物联网"能够发挥彼此的优势，区块链具有去中心化、不可篡改等特性，这些特性能解决物联网在传统中心化框架下的安全、信任、隐私等问题，而物联网能为区块链提供基础设备，实现万物互联。双方的结合为产业链金融遇到的难题提供了许多解决方案。

1. 数字资产交易

在产业链金融场景中，因为区块链具有可溯源、不可篡改的特性，所以其成为数字资产的优质载体，许多应收款项、仓单等资产都被转换为链上数字资产。但是目前，链上数字资产只能在相应的区块链应用中流通，处于不同区块链中的数字资产无法进行交易。例如，企业的链上数字资产往往在区块链圈内进行流转，可进行交易的对象范围较小，但如果有跨链技术，企业链上数字资产的交易范围就能够扩大，企业链上数字资产的流动性也会更好。

2. 协同共享

区块链技术在产业链金融场景中应用广泛，许多银行也开始进行区块链在供应链业务中的试点应用，搭建起联盟链或私有链。同时，跨链技术解决了业务扩张中相关区块链中的业务数据无法共享的问题，增强了企业与金融机构间数据共享和业务协同的能力，为企业的业务发展提供了助力。

3. 联合风控

通过"区块链+物联网"，能够实现政府部门、电信运营商、金融机构三方数据的共享与融合，为金融机构对产业链小微企业信贷融资的风险评估补充基础数据，增强金融机构对产业链小微企业的信用评估能力，扩大金融机构服务的业务范围，提升工作效率。例如，电信运营商将客户数据（例如，通话时长、话费余额、常住地址、App流量使用记录等）、政府部门的工商数据、金融机构的评估数据相结合，就能在各方原始数据不出本地的前提下进行融合应用，打破各个机构的数据壁垒，提高各方数据融合应用效率。

4. 联合查询

用户在办理政务手续时，往往需要面对许多政府经办部门，无法在统一的政府服务窗口进行一次性办理。这种情况是建设时的遗留问题，由于改造成本、权限等原因，许多部门的数据还没有实现统一，无法在一次查询中获得用户需要的所有数据。而"区块链+物联网"可以解决这一难题。通过在各部门的数据系统中部署区块链节点与物联网，便能做到数据在不出库的情况下实现共享，连接数据孤岛。同时，通过区块链对数据查询权限的控制，可以实现对数据查询记录的溯源，这样有利于打破各个部门之间的数据壁垒，保障共享数据的安全性与可靠性。

在产业链金融领域，区块链与物联网相结合构成了一致、可靠的"物理数据+链上数据"体系，可以实现对企业经营的有效监控，构建企业客观评价体系。未来，"区块链+物联网"将应用于更多产业链金融场景，发挥更大的作用。

第 3 章

金融系统：DeFi 实现去中心化金融方案

DeFi（Decentralized Finance）即去中心化金融，是区块链生态中独有的金融形式。DeFi 将传统金融在区块链网络中进行一比一复制，利用智能合约取代传统金融中介，从而提升整个金融体系的运行效率，并且让用户可以享受到低成本的金融服务。

CHAPTER 3

3.1 DeFi 的核心特点

在传统金融中，银行等金融机构可以对用户的资产行使权利，甚至冻结用户的资产，而且用户受制于它们的营业时间和现金储备。DeFi 实现的去中心化金融意味着没有主要控制机构，既可以实现权利的分散，又可以实现风险的分散。它具有三大特点：一是信息公开透明，二是自由组合、高度延展，三是去中心化交易。

3.1.1 信息公开透明

DeFi 是运用区块链技术、基于以太坊等区块链平台构建的加密资产、金融类协议。DeFi 将代码作为金融服务的中介，构建透明、安全、开放的金融系统，致力于实现金融服务效率最大化、成本最小化。

DeFi 旨在没有中心化实体（如储蓄、保险、贷款等）的情况下，重建银行金融服务体系，并为全球互联网用户提供开放性金融替代方案。经过两三年的探索和发展，DeFi 衍生出了借贷平台、支付平台、预测市场、稳定币等多种金融新玩法。DeFi 将传统金融搬迁至区块链网络中，相较于传统金融，DeFi 具备

抗审查、无地域限制等优势。用户只要有网络连接设备，就能够随时随地享受金融服务。

信息公开透明是 DeFi 最重要的特点。DeFi 通过智能合约驱动的去中心化交易所进行交易，用户获得的资产都在自己的钱包里。去中心化交易是点对点的交易形式，交易更加真实、可靠，并且能够在区块链上自动执行。在这种模式下，用户无须担心假币、数据砸盘等情况的发生。

传统的中心化交易所具备诸多不可控因素，因此存在巨大的交易风险，如比特币被盗等。中心化交易所的风险性给众多用户带来了一定的恐慌。而去中心化交易所能够使用户将资产直接提取至自己的钱包中，同时能够托管用户资产并进行清算，使交易结果直接上链，以确保用户资产的安全性。

目前，DeFi 的规模虽小，但潜力较大。随着时间的推移，DeFi 的用户将呈指数级增长，越来越多的 Web 3.0 工具也将涌入这一领域，使 DeFi 逐渐成为金融服务领域的顶流。

3.1.2　自由组合、高度延展

在 DeFi 中，每个协议都可以直接读取另一个协议产生的数据和价值，无须授权，人们可以利用两种协议的服务来构建出第三种服务。这就是 DeFi 自由组合、高度延展的特点。利用 DeFi 的这个特点可以创造一个更快、更公平、更高效的金融体系，实现全球化、无束缚的世界经济模式。

DeFi 提供的金融工具，如交易所、贷款、稳定币、衍生品、合成资产、指数基金等，都可以自由组合出新的事物。这个过程就像搭乐高积木一样，每一项交易都可以组合起来，创造出新的金融产品。

例如，用户可以从一个协议中以一定利率借入 DAI（一种基于以太坊网络的加密货币），然后将其放入一个 DAI 收益更高的协议中，从中赚取差额。

再如，Yearn Finance 是一个自动化投资金库，它是最早使用 DeFi 的自由组合性突破极限的协议之一。用户将资金存入 Yearn Finance，由于 Yearn Finance 可与其他 DeFi 协议组合，因此它可以使用这些资金广泛参与 DeFi 协议，并根据每个协议的收益变化自动调整每个新区块的矿池分配，让用户获得收益。

虽然这种自由组合性听起来令人兴奋，但它也存在一定的风险。首先，如果以太坊出现问题，那么建立在它之上的一切都会瘫痪。其次，智能合约出现错误可能会导致协议资金耗尽，而且智能合约是自动的，如果一个协议完全依赖于另一个协议，就会导致一个服务失败之后引发连锁反应，让用户血本无归。

风险虽然存在，但构建开放的金融体系仍是未来的一大趋势。开源智能合约、区块链审查等将进一步降低黑客攻击的风险，使金融世界变得更加开放、透明。DeFi 就像一个巨大的金钱乐高玩具，任何人都可以随时加入，在前人的基础上进行创新，没有任何障碍。DeFi 的潜力是无限的，它将推动构建一种更加开放、更加分散、无须信任的全球经济模式。

3.1.3 去中心化交易

现代交易模式可分为中心化交易和去中心化交易。随着 Web 3.0 的发展，中心化交易逐渐暴露出许多弊端。DeFi 的产生逐渐促使中心化交易向去中心化交易转变。

中心化交易在一定程度上顺应了 Web 2.0 的发展，具备交易速度快的优势。即使面对大量同时产生的实时交易，中心化交易也能够给用户提供良好的服务体

验。当用户量较为庞大时，中心化交易能保持足够的流动性。同时，中心化交易采用 IOU 记账方式，技术成本相对较低。

但随着时代的发展，中心化交易的弊端逐渐显露出来。首先，中心化交易会面临资产盗用、内部运营混乱和商业道德约束性低等风险，严重影响用户的资产安全，如曾出现交易中心卷款跑路事件。其次，中心化交易中资产的集中式托管对网站的技术能力和突发性事件应对能力要求极高，否则很容易遭遇黑客攻击，造成巨大的资产损失。例如，意大利加密货币交易所 BitGrail 遭黑客攻击，1700万 NANO 加密货币被盗，损失约 1.7 亿美元；日本加密货币交易所 Coincheck 遭黑客攻击，资产损失约 5.3 亿美元。

为了解决中心化交易中存在的诸多风险和问题，以 DeFi 为核心的去中心化交易模式逐渐建立。在去中心化交易流程中，用户在开户时通过注册获取密钥，并掌握私钥，对资产享有绝对控制权。在充值时，用户可以通过钱包地址直接充值到去中心化交易所的地址。当发起交易时，智能合约能够直接执行去中心化交易流程，使用户始终持有资产的所有权和掌控权。在提现时，用户可以将资产直接从去中心化交易所提取到自己的钱包中。

去中心化交易模式简单，不托管用户资产，从而降低了交易资产被盗的可能性。去中心化交易与中心化交易最大的不同在于交易的全流程均通过智能合约进行，资产清算放置在区块链上。

智能合约的去中心化交易机制避免了中心化交易因人为因素产生的交易风险。用户可以在无须审批的情况下自由转移资产，并且无须担心黑客攻击，这为用户的资产安全提供了足够的保障。但去中心化交易也有需要改进的地方，例如，去中心化交易的交易记录都在区块链上，区块链确认速度相对较慢，在一定程度上降低了交易效率。

随着 Web 3.0 基础设施的完善和 DeFi 的发展，相信在不久的将来，去中心化交易的交易效率能够有所提升，并结合其自身优势，成为 Web 3.0 时代的主流交易模式。

CHAPTER 3

3.2 三大应用场景

DeFi 有三大应用场景,即金融服务、去中心化交易及 DeFi 衍生品。

3.2.1 金融服务:去中心化借贷与去中心化保险

DeFi 的金融服务已逐渐渗入全球金融领域,并受到了众多金融市场的欢迎。DeFi 的金融服务主要包括去中心化借贷与去中心化保险。

1. 去中心化借贷

DeFi 去中心化借贷通过去中心化借贷协议匹配借贷双方,在抵押确认后及时划转资产,完成借贷服务。相较于传统的借贷服务,DeFi 去中心化借贷无须借助银行账户,也无须对借贷者进行信誉核查。用户可以通过 DeFi 去中心化借贷抵押数字资产,获得贷款。用户还可以通过将其资产注入借贷池来获取收益。DeFi 去中心化借贷主要有 4 个特点:一是法币与数字资产相结合;二是基于数字资产的抵押;三是交易结算自动化,降低了交易成本;四是超额抵押代替信用审查。

DeFi 去中心化借贷业务的核心是抵押物,DeFi 将高风险、高收益的信用借贷归类到投融资业务中。DeFi 去中心化借贷能够简化用户贷款审批流程，节省用户申请贷款所花费的时间。在 DeFi 去中心化借贷中，平台根据货币供应量设定利率，出借人通过出借资产获得本金和利息。在 DeFi 的借款流程中，借款人申请贷款后，平台会对借款人抵押的资产进行估值，借款人可以在不放弃资产所有权的情况下将资产抵押。平台发放贷款后即代表借款人抵押成功并能够及时获得贷款。

2. 去中心化保险

去中心化保险是 DeFi 框架下的金融产物之一，其能够基于强制自动执行且不可篡改的智能合约生成更为安全的保险协议，为数字资产市场提供充分的风险保护。相较于保险公司的集中式系统，去中心化保险允许用户购买金融产品的保险或通过提供保险来获取利益。从本质上看，去中心化保险是对于资产漏洞的弥补和保护，因此，去中心化保险对于用户的投资和交易来说是更为安全的。当前提供去中心化保险服务的项目主要有 Nexus Mutual、Opyn 等。

以去中心化保险龙头项目 Nexus Mutual 为例，Nexus Mutual 是建立在以太坊区块链网络上的互助保险项目，也是区块链生态中首个智能合约保险项目。Smart Contract Cover 是 Nexus Mutual 项目的第一款产品，这款产品主要针对智能合约的安全问题，即对于用户因项目代码问题而产生的损失进行理赔。NXM 代币是项目的核心，代币持有者既是收益获得者，也是风险承担者。代币持有者能够用自己所持有的代币参与质押，从而决定项目的投保额度和是否批准索赔，其中一半的保险费用收益会分给质押参与者。

在评估机制上，Nexus Mutual 采取去中心化风险评估，即通过引入风险评估师，以公平、公正的方式处理复杂案例。风险评估师通过质押方式获得评估资格后便能参与相关事项的判决，并为智能合约背书。需要注意的是，目前，Nexus

Mutual 只针对智能合约保险进行承保，也就是只有由于智能合约漏洞而引发的资产损失才能进行理赔。

去中心化借贷和去中心化保险能够为用户提供更加便捷、透明、安全的金融服务，二者的发展将构建起更加稳固的 DeFi 应用生态。

3.2.2　去中心化交易：数字货币自由交易

去中心化交易和中心化交易存在本质上的差别。相较于中心化交易需要依托个人或公司管控的平台进行交易，去中心化交易通过区块链智能合约即可完成。去中心化交易所的治理是透明、开放的。

在中心化交易所中，用户资产的实际控制权不在用户手中。用户账户中显示的资产金额只是交易所给的资产凭证，资产实际上被中心化交易所控制。因此，中心化交易所相当于交易过程中的中介，存在很大的安全隐患，不利于资产直接、快速地流通。曾发生的多起用户资产在交易所中被挪用的事件和黑客对中心化交易所的攻击事件都体现了中心化交易所的不安全性。

而在去中心化交易所中，用户无须借助第三方平台注册账户，通过钱包地址便可自由交易，用户的资产相对安全。去中心化交易所的交易在区块链上完成，用户能够通过区块链浏览器监督每笔交易，而且交易记录都是公开透明的，用户不用担心资产被操控。更加安全、便捷的去中心化交易模式实现了交易的去托管，使资产流通更加安全、快捷。

在去中心化交易所中，用户的资产永远在自己的钱包里，不被托管机构所控制，用户掌握资产的所有权和绝对控制权。去中心化交易所使资产交易实现了点对点连接，极大地提升了资产流通的安全性和效率。

3.2.3 DeFi 衍生品：六大方向解析

衍生品是全球金融市场的重要组成部分，可以为投资者提供多元化收益途径，对冲市场风险。相比之下，加密货币衍生品市场仍处于早期发展阶段，大部分市场被 FTX 等中心化交易所占据。随着 DeFi 近几年的发展及市场教育的普及，DeFi 衍生品市场也迎来了发展黄金期，包括合成资产、期权、预测市场、永续合约、保险、利率衍生品六大方向，下面进行详细介绍。

1. 合成资产

合成资产是由一种或多种资产组合并代币化的加密资产。DeFi 生态中的合成资产，最早以稳定币 DAI、跨链包装资产 WBTC 为代表，随后又出现了以现实世界的股票、货币、贵金属等为基础的合成资产。如今，合成资产已是 DeFi 生态的重要组成部分。

合成资产的优势在于放大了链上资产的可组合性，丰富了 DeFi 用户的投资选择。

一方面，合成资产可以降低 DeFi 用户投资现实世界资产的门槛，用户不需要提交复杂的审核材料就可以实现投资，从而达到优化投资组合的目的。

另一方面，很多 DeFi 项目开始基于合成资产建立业务模式，从而满足用户多样化的风险对冲及提高收益的需求。例如，UMA 推出的跟踪以太坊波动性的代币、Charm 推出的 ETH（以太币）两倍杠杆代币等。

2. 期权

期权指的是买方在约定时间内以约定价格买入或卖出一定数量标的资产的权利。在传统金融领域，期权被广泛运用于套保和对冲风险，用来抵御标的资产价格下降和买入资产价格上涨的风险。

在加密货币领域，如果投资者买入了 ETH，但不想承担 ETH 价格下跌的风险，就可以买入 ETH 看跌期权来对冲风险。如果 ETH 价格下跌，就可以按照执行价卖出 ETH 以规避风险，或者卖出 ETH 看跌期权，获得收益（ETH 价格下跌，看跌期权价格会上涨），弥补 ETH 价格下跌的损失。

3. 利率衍生品

借贷利率的波动性会为投资者带来额外的风险，且大部分投资者都属于风险偏好低的类型，所以传统金融市场中利率衍生品的规模非常大。利率衍生品是以利率为基础的衍生产品，一般被机构投资者、银行、个人等用作对冲工具，以避免自己受市场利率变化的影响。

利率衍生品是近年来 DeFi 领域讨论比较热烈的方向，其主要根据加密资产利率开发不同类型的衍生品，满足 DeFi 用户对确定性收益的不同需求。

目前，DeFi 市场中已有多个固定利率协议，用户存入资产后无论市场利率如何变化，都能在合约结束时按自己最初设定的利率获得收益。另外，基于风险分级的利率协议，一些产品允许用户根据自己的风险偏好选择不同收益的产品。

4. 预测市场

预测市场是以太坊生态中最早出现的应用场景之一，是 DeFi 衍生品的重要组成部分。预测市场指的是基于未来时刻有确定结果的事件而创造的合约，目的是发现市场相信的结果。任何人都可以对未来事件下注，并且根据下注的结果来预测这些事件的可信度。

预测市场相当于广发调查问卷，反映了人们对某些事件的态度，并且可以根据调查结果改善治理或做出决策。

以"ETH价格会在12月25日超过10000美元吗"这个事件为例，用户根据这个事件可以做出两个投资选择，即会和不会。两者的价格就是市场预测的该事件可能实现的概率，如果用户认为ETH价格将在12月25日超过预测价格，则可以购买"会"，并从中获益。

除此之外，预测市场的投机性还决定了其具有对冲性质。例如，用户现在持有ETH，就可以购买"不会"，以对冲ETH价格下跌的风险。

与中心化的预测市场相比，DeFi的预测市场具有不可篡改、公开透明等特性，投资者无须担心平台会从中作梗。

5. 永续合约

合约产品是加密市场中较早出现的衍生品，也是交易量最高的衍生品。与现货交易不同，期货合约是双向加杠杆的产品，用户既可以从标的资产价格上涨中获利，也可以从标的资产价格下跌中获利。这是因为其杠杆属性放大了交易的风险和利润，用户可以对现货持仓。

目前，DeFi合约产品大多是永续合约，包括Perpetual Protocol、MCDEX、Futureswap等。DeFi合约产品主要存在流动性不足及Gas费过高的问题，这导致了大部分DeFi合约产品的交易量并不高。

6. 保险

保险是金融市场重要的衍生品之一,它将灾难性事件的代价社会化,使个体或机构能够承担潜在风险。在 DeFi 领域,时常出现 DeFi 项目被攻击导致用户损失的事件。因此,保险对 DeFi 市场非常重要,随着保险机构参与者的加入,保险可能会在未来成为 DeFi 的支柱产品之一。

当前,DeFi 保险仍处于早期发展阶段,保单覆盖资产不到总锁仓价值的 1%,而且大部分主流 DeFi 项目尚未购买保险。这导致了 DeFi 保险在赔付场景上判定困难,以及赔付资金不足的问题。随着越来越多 DeFi 保险的推出,承保场景越来越丰富,质押池资金越来越多,产品形式也更加多元化。

如今,上述 DeFi 衍生品作为可组合的基础设施已被嵌入很多 DeFi 项目,进一步扩展了人们对 DeFi 发展的想象空间。

CHAPTER 3

3.3 DeFi 的应用探索

随着区块链的兴起，市场上对于 DeFi 的应用探索有很多，包括腾讯的云链结合、蚂蚁生态的 DeFi 项目及 LianGo 的 DeFi 应用生态等。

3.3.1 云链结合：腾讯探索数字经济新生态

在 2021 年腾讯数字生态大会上，腾讯宣布将对云区块链进行战略升级，基于长安链进一步进行"云链结合"的深入布局，助力数字经济的发展，打造数字经济新生态。腾讯云升级后推出的 3 个区块链产品如图 3-1 所示。

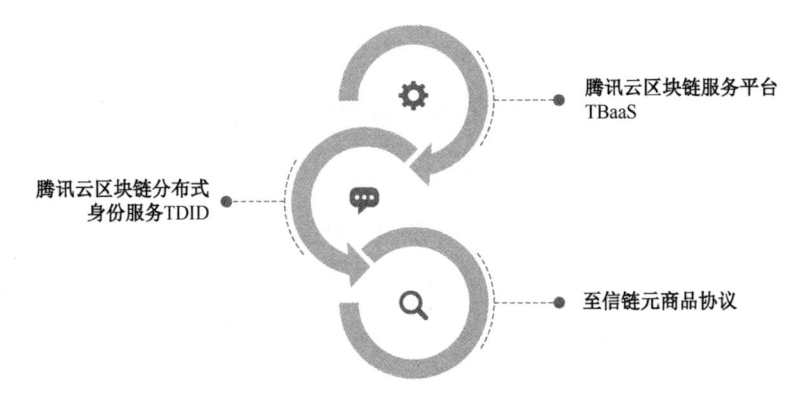

图 3-1 腾讯云升级后推出的 3 个区块链产品

1. 腾讯云区块链服务平台 TBaaS

腾讯云区块链服务平台 TBaaS 是一个方便、快捷的区块链服务平台，可为用户提供一站式服务。此次升级后，除 FISCO BCOS、Hyperledger Fabric 等 TBaaS 平台已经搭载的区块链引擎外，TBaaS 平台还能够优先集成长安链底层引擎，为用户提供管理长安链的能力。

TBaaS 平台拥有保护用户隐私安全、实现跨地域连通等功能，并在多个方面进行了升级。在管控上，可以对生命周期进行一站式可视化管控，节约大量人力成本；在建链方面，具有多种建链形态，用户可以根据自己的需求灵活选择；在应用方面，已经在生物、能源、农业等行业落地，具有完善的解决方案。

未来，TBaaS 平台将探索更多的长安链示范应用方案，实现应用标准化、场景规模化和生态产业化，满足用户在不同场景中的需求，并将研究经验推广至全行业，实现全行业共同发展。同时，TBaaS 平台也会不断提升自己的基础能力，强化数字化基因，提供更加简便、易用的服务。

2. 腾讯云区块链分布式身份服务 TDID

区块链业务应用的上限由用户身份的使用模式决定。腾讯 2021 年 11 月发布的腾讯云区块链分布式身份服务 TDID 能够为用户、企业、物品等验证身份。这一功能也标志着区块链分布式身份技术应用范围从用户延伸到物品。用户可以通过腾讯云区块链分布式身份服务 TDID 安全地在互联网上发送现实世界的凭证。

腾讯云 TDID 身份标识技术的发展，为互联网进行身份识别和数据交换提供了信任基础。用户进行信息授权后，可以通过身份服务节点进行身份信息的存储和应用，实现了身份的可移植性。这种方式有利于打破数据壁垒，实现交易信任。

腾讯云区块链分布式身份服务 TDID 的应用场景十分广泛，可应用于教育培训、金融服务、医疗保险等行业。

3．至信链元商品协议

在 2021 年腾讯数字生态大会上，腾讯发布了至信链元商品协议，表明其正深入探索数字文创商业化解决方案。至信链元商品协议是一种依托区块链、支持用户进行非同质化资产交易的服务协议，能够为用户的数字化资产的唯一性提供保证。近几年，腾讯云至信链在版权、金融等领域的服务成效显著。截至 2020 年年底，至信链存证量已达到 1.5 亿元。

目前，腾讯已经具备成熟的至信链元商品协议服务能力，并在多场景落地应用。例如，2021 年，腾讯在 QQ 音乐平台上发布了首批"TME 数字藏品"；敦煌研究院根据元商品协议发布了 9999 枚 NFT，用于进行公益活动。

腾讯云区块链产品以长安链为基础进行升级，助力区块链的持续发展。未来，腾讯将持续深入布局"云链结合"，与合作伙伴共建长安链。

3.3.2 蚂蚁生态：DeFi 新项目

DeFi 与传统金融最大的不同在于其不依赖于中介机构进行交易，而是通过智能合约进行交易。得益于免费、安全的交易方式，DeFi 成为当前的风口。许多企业都在积极探索这一领域，作为中国三大互联网企业之一的阿里巴巴也不甘落后，于 2021 年 1 月 28 日上线了蚂蚁世界 DeFi 智能合约项目。

蚂蚁世界 DeFi 项目是一个波场链项目，由众多机构联合发布，显示出了巨大的发展潜力。蚂蚁世界 DeFi 项目希望构建一个一体化的区块链生态体系，支持用

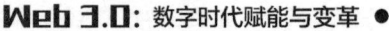

户在其中进行数字货币交易、存储等行为。蚂蚁世界 DeFi 项目将从搭建技术框架、构建产品体系、建设健康生态、应用项目落地等方面入手,为多种商业场景赋能,构建一个蓬勃向上的去中心化商业体系。

蚂蚁世界 DeFi 项目的特点在于其协议通过智能合约执行。用户在智能合约中,只需要绑定自身的 USDT 钱包地址,便可以实现资金的智能流动。智能合约履行的过程中不会受到人为干预,所有操作都由智能合约自动完成。

蚂蚁世界 DeFi 项目具有以下优点。

(1)区块链智能合约 DApp(Decentralized Application,去中心化应用)将所有的交易规则都记载在波场链上,具有不可篡改性。

(2)每笔资金都能实现自由流动,再微小的金额也能够被区块链账本记载。

(3)智能合约执行的每个环节都有规定的结束时间,用户可以根据情况选择资金的流动时间。

(4)用户的个人钱包就是用户的账户,无须收集个人资料,能够对隐私进行保护。

(5)智能合约的规则和数据可以在外部查看,所有的交易记录会在网上公开。

(6)蚂蚁世界 DeFi 项目具有智能重置功能,可以避免用户亏损。

蚂蚁世界 DeFi 项目是阿里巴巴在 DeFi 领域的探索,目的是建立一套值得用户信任、包容性极强的去中心化点对点资金流动模型,将合约风险降至最低,满足用户对短期流动资金的需求。

第 4 章

组织形态：DAO 开启治理新模式

Web 3.0 营造了一个以区块链为基础的全新互联网世界，数据的存储、流动都在区块链上进行，不会有任何平台对它们进行控制。Web 3.0 也由此延伸出了许多用例，其中，有一种热门的组织形态 DAO(Decentralized Autonomous Organization)。DAO 能够通过区块链技术将社会资源、人才、资金等多个要素组织起来，实现去中心化组织，开启治理新模式。

CHAPTER 4

4.1 七大维度拆解 DAO

DAO 是 Web 3.0 基础设施的重要组成部分，也是一种全新的组织形态，本节将从定义、分类、职能、工具、治理架构、优势、利弊权衡七大维度对 DAO 进行拆解。

4.1.1 定义：去中心化自治组织

DAO 是一种去中心化自治组织，它以一种比中心化组织更分散、更透明的方式来进行集体决策。它允许用户在共同理解的基础上为同一个目标而努力，所有的参与用户都能够独立确认该组织的存在。

DAO 在应用层面表现为一种组织形态，在技术层面则是依托区块链的一种应用模式，也是区块链核心思想的载体。DAO 将区块链作为底层技术架构，具有区块链技术的主要特征——去中心化。因此，DAO 与传统组织的区别在于 DAO 运用了区块链技术。如果没有运用区块链技术，则 DAO 与传统组织毫无差别，只有运用了区块链技术，才能够被称为"去中心化组织"。同时，区块链也为 DAO 在组织协作中实现"共创、共建、共治、共享"提供了技术支持。

DAO 的独特之处在于其使用了基于区块链技术的智能合约。智能合约将 DAO 的决策执行权以代码的形式进行固定，确保在区块链上运行的代码是公开的，并利用去中心化节点对网络进行保护，防止内、外部对其进行篡改。

需要特别注意的是，虽然 DAO 是一种自治组织，但 DAO 并不是完全自治的。DAO 由用户创造，因此也需要用户手动操作，例如，用户进行投票时，仍需要与智能合约进行交互才能完成相关操作。

4.1.2 分类：六大组织场景

DAO 作为去中心化组织，应用范围较为广泛，目前可以划分为六大组织场景，如图 4-1 所示。

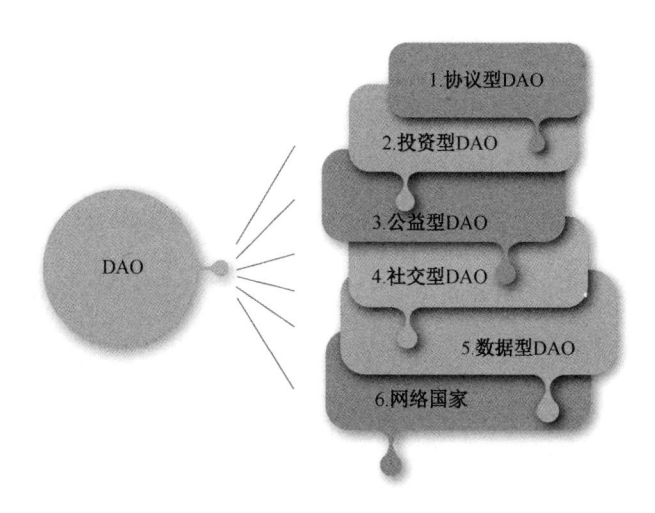

图 4-1 DAO 的六大组织场景

（1）协议型 DAO：主要服务于去中心化的应用程序，或者被用于开发、管理

基础设施。协议型 DAO 类似于企业或基金会，主要关注开源技术。例如，MakerDAO 是一个管理去中心化稳定币 DAI 的组织，协议型 DAO 帮助其设置协议参数。

（2）投资型 DAO：主要负责对其控制的金库进行管理投资。投资型 DAO 类似于私募股权基金，专注于为旗下用户创造利润。例如，BitDAO 可以为比特币持有者提供策略，以增加他们的投资收益。

（3）公益型 DAO：类似于慈善团体，主要活跃于慈善、公共服务领域，为其提供资金支持。例如，Big Green 为学校、家庭和社区提供慈善捐赠。

（4）社交型 DAO：主要活跃于社交领域，管理旗下用户共同的社交空间，为其提供文化培养等活动。例如，Krause House 是一个由篮球爱好者组成的社交型 DAO，他们的目标是组建一支 NBA 篮球队。

（5）数据型 DAO：管理、开发独特的数据产品，并将其出售给第三方。例如，dClimatedClimate 是一个去中心化气候数据网络市场，能够将出售最新数据集的用户与购买它们的用户联系起来；它也会对数据集发布者进行评估，以便于消费者进行筛选。

（6）网络国家：网络国家是由 Balaji Srinivasan 创造出来的一个词汇，其与 DAO 结构类似。

4.1.3 职能：多方面赋能组织运行

DAO 用途十分广泛，可以通过不同的设计履行不同的职能，多方面赋能组织运行。其中，较为常见的职能主要有以下几项。

（1）拥有开源协议的升级批准权，对协议的升级进行管理。例如，开启投票决定是否升级协议中的某项内容，或者批准新发布的协议，一旦通过则让用户迁移到该版本。

（2）对 DApp 中的参数进行调整。例如，调整去中心化稳定币的利率。

（3）对提案进行讨论、改进。例如，创建一份正式提案以更改协议中的内容，或者在进行投票前提交其他提案。

（4）将旗下的资金进行转移或投资。例如，决定是否将资金用于投资限量版 NFT。

（5）对领导岗位进行管理。例如，通过投票来决定某位用户是否能够留在管理岗，或者改变 DAO 的组织结构。

（6）对用户在使用 DAO 管理的基础设施的过程中产生的争议进行仲裁。例如，决定用户是否能够因为协议中的疏漏而得到赔偿。

（7）对协议的价值捕获机制进行修改。例如，确定应该向用户收取多少手续费、DAO 内的成员是否应该获得分红等。

4.1.4　工具：多种工具建立多层级架构

DAO 拥有一套标准化运行工具，通常会利用多种工具来建立多层级架构。DAO 的主要运行工具有以下几种。

（1）治理通证：这是一种由 DAO 发行的通证，可以赋予持有的用户特殊权利。治理通证最大的用途是投票，一般一张通证代表一票。

（2）多签钱包：这是一个智能合约，通过复数用户共同掌握同一个数字账户来管控数字资产的安全。例如，一个保险箱有两把锁，需要两名用户拿着各自的钥匙才能够共同开启保险箱，这种方法有利于保障账户的安全。

（3）链下快照：这是一个链下平台，主要通过对链下消息进行签名来进行通证加权投票，并通过链上的地址和快照确定投票权。投票结果会对 DAO 的后续发展产生影响，优点是 DAO 内的用户进行投票时无须支付链上的交易费用，因此可以吸引更多用户参与投票。

（4）论坛：DAO 用户建立的社交平台，用户可以聚集在论坛上自由地表达想法并参与讨论。其中，比较受欢迎的有以 Discourse 为首的专门的治理类论坛，以及以 Telegram 为首的社交平台。

（5）声誉系统：虽然链上声誉仍处于发展初期，但已经有用户开始在链上建立声誉系统，将更多的投票权分给参与 DAO 事务的用户。曾经有用户提出发行"灵魂绑定通证"，为用户发放不具备金融属性的通证，但其可以代表用户的链上声誉。

DAO 工具众多，需要考虑如何将不同的工具组合在一起，兼顾成员的效率和信任，发挥出最大的作用。不同的 DAO 在用途、价值观、理念方面均存在差异，因此会选择不同的工具组合方式。

4.1.5 治理架构：目标是达成共识

对于每个 DAO 来说，达成共识都是最具挑战性的目标，因为达成共识意味着将以去中心化的方式做出决策。下面介绍几种用于达成共识的治理架构。

（1）直接的链上民主：DAO 内的用户可以在链上对提案进行投票，通过提案必须满足一定的条件。采取该架构的 DAO 大多数使用通证加权投票机制，用户的投票权重由其持有的通证数量决定，一般情况下，一张通证等于一张选票。这是 DAO 内最简单的共识达成机制，因为其方便且成本低。

（2）直接的链下民主：DAO 通过快照在链下进行投票，投票要满足一定的条件。采取该架构的 DAO 大多数也使用通证加权投票机制，但在这种情况下，需要值得信任的用户通过多重签名的方式按照提案结果进行链上变更。因此，直接的链下民主需要彼此信任，即多重签名用户会按照 DAO 的投票结果进行链上变更。

（3）代表制民主：DAO 选出代表在链上进行投票，以通过 DAO 的提案。代表一般由 DAO 选出，可能会参考社区民意。DAO 还可以设置特定的机制，在代表的投票结果与民意相距甚远时对结果进行干涉。

大部分 DAO 的进入都没有门槛，这意味着 DAO 必须拥有一套严谨的治理规则才能维持自身有序、高效运转。通过上述治理架构，DAO 能够更高效地协调事务并达成共识。

4.1.6　优势：透明+民主+去信任+包容

DAO 是一种新兴的组织形态，目前正处于早期实践阶段，其主要优势有以下 4 点：透明、民主、去信任与包容。

1. 透明

DAO 的规则及 DAO 内用户的操作都是公开的，任何用户都可以随意查看，也可以由此得知决策流程与投票结果。这与传统组织大不相同，传统组织一般缺乏透明性，而 DAO 则会完整、准确地记录决策流程，并保证记录不会被篡改。

2. 民主

DAO 的决策机制十分民主，任何用户都可以提交提案或进行投票，对 DAO 的发展方向产生影响。这点与传统组织十分不同，传统组织中的 CEO 或董事会可以单边进行多数决策，其他利益方无法干涉决策。

3. 去信任

部署在公链上的智能合约记载了 DAO 的结构、共识机制及执行机制，一旦达成共识，任何一方都无法篡改数据。而传统组织并非如此，传统组织的管理流程一般由中心化的实体展开，流程往往复杂且不透明，执行速度相对较慢，难以保证确定性。

4. 包容

互联网内的任何用户都可以在不透露全部身份信息的情况下参与 DAO。DAO 可以消除潜在的性别、种族、社会经济条件等歧视。而传统组织很难做到这一点，传统组织内成员的个人信息都是公开的，很难忽视成员的个人信息。

4.1.7 利弊权衡：DAO 运行中的诸多矛盾

随着 DAO 的发展，DAO 运行中的诸多矛盾也开始显现，DAO 需要进行利弊权衡，根据自身的发展做出抉择。

1. 早期用户与后期用户之间的矛盾

DAO 在早期可能会被少数人控制，尤其是在采取通证加权投票机制后。因为 DAO 的创始人或早期用户可能拥有更多的治理通证。这不仅会导致中心化的问题，还会带来一个更重要的问题，那就是创始人或早期用户为 DAO 投入了大量时间、精力，那么他们是否能因此拥有较大的投票权与影响力。如果他们因此拥有较大的投票权和影响力，那么后期加入的用户可能会被早期用户的声音所淹没，无法贡献价值。处理该矛盾的关键在于如何在合理奖励早期用户的同时，不限制后期用户的发声通道。

2. 去中心化决策与提高效率之间的矛盾

去中心化的弊端在于缺乏灵活性和效率低下，多层决策机制往往会消耗大量的时间与资源。处理该矛盾的关键在于如何在维持去中心化决策的同时，提高效率，增强灵活性，消除冗长的决策流程。

3. 无领导与有领导之间的矛盾

许多用户认为 DAO 在去中心化理念的倡导下应该没有领导，但缺少领导可能会出现"公地悲剧"，即没有人出来承担管理责任，导致用户的共同利益被忽视。还可能会出现权力真空，由于缺少领导，内部各派系可能会发生冲突，填补权力真空。有领导的弊端则在于领导一旦拥有太多的权力就会出现"死心"，这将失去去中心化组织的最大优势。处理该矛盾的关键在于既要为优秀的领导提供足够的激励与自主权，又要限制其权力的扩张，防止其行为与 DAO 的共识背道而驰。

DAO 运行中存在的矛盾无关对错，DAO 需要根据自身的发展方向与需求做出判断和调整，帮助自己更好地发展。

4.2 行业生态：DAO 的核心要素

DAO 是一个依托区块链运转的组织，它围绕某个目标进行创造、沟通和分配酬劳，并形成相对完整的行业生态。

4.2.1 共同目标：组织运转的前提

DAO 最大的特点就是自治，它的组织成员基于某个目标或共识而聚在一起，整体有明确的核心价值观。这是 DAO 运转的前提。

与传统组织相比，DAO 的透明度非常高。任何人都可以明确知晓 DAO 中的行动和资金，这极大地降低了腐败和审查制度的风险。例如，传统的上市公司必须公开独立审计的财务报表，但股东并不能随时查看公司的财务状况。而 DAO 的财务状况都存储在公共区块链上，成员可以在任何时间了解每笔交易的情况。

DAO 中的决策大多是集体做出的，基于其较高的透明度和较低的进入门槛，其成员的行动非常自由。如果某个成员不同意 DAO 的规则和行动，他可以非常容易地转换到其他组织，甚至同时为多个 DAO 工作。这个特性也要求 DAO 快速发展以满足成员的需求。

Curve DAO 曾建立了一个自动做市商，它会产生费用并为锁定其代币的持有人提供、分享收益。DAO 成员锁定 Curve 代币的时间越长，获得的奖励就越多。与传统公司按股权比例分配利润的方式不同，Curve DAO 可以根据持有人的投资时间对投票权和收入份额进行加权。持有人可以直接通过代币来控制 DAO 资产，他们可以在世界上的任何一个地方通过网络聚集在一起，投票分配 DAO 资产，甚至商讨雇用员工。

DAO 可以由很多实名和匿名成员组成，他们因共同的目标聚集在一起，相比于传统组织，DAO 成员之间的关系更加纯粹且值得信任。

4.2.2　分工协作：去中心化的组织协作方案

DAO 的内部非常强调分工协作，而 Web 3.0 生态中的应用、工具、协议等都离不开协作，可以说，DAO 是具有天然的 Web 3.0 属性的。

与传统公司不同，DAO 更像一个自驱协作的社区，它有公司的特点，但成员不是为无穷无尽的被动任务而工作。

通常，在传统公司中，只有少数人是设计者，大部分人是执行者，要让所有人都成为设计者来变革公司，这基本上是不可能做到的。DAO 则可以在理论上解决上述公司发展的问题。例如，DAO 内部没有职级的约束，所有决策均由大家投票做出，且依赖自驱劳动而非打工，所以人人都可以成为组织的设计者。

另外，DAO 的准入门槛很低，人人都可创建并加入一个 DAO，但只有那些每个成员都十分努力地做出贡献，并且营运得十分优秀的 DAO 才会胜出。这个模式很像市场经济理想形态，没有垄断和壁垒，DAO 之间可以充分竞争。这样的模式在一定程度上提高了成员的自驱性，成员基于共同的目标，会想尽办法去解

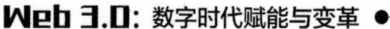

决问题或创造价值，帮助 DAO 发展。

微信小程序 comupage 是一个基于 Conflux 树图链的 DAO 组织和活动的工具，如今已经有很多 DAO 入驻这里，新华社区就是其中之一。

新华社区是入驻较早、体量较大的一个 DAO。在新华社区中，又细分出《新华录》街区刊物、新华志愿车队等小型 DAO。它们都是出于自发、价值驱动的自治组织。例如，新华志愿车队为社区居民进行了多次志愿出车行动，保障了社区居民顺利就医。车队成员还铸造了数字徽章，为这个特殊的社群留下了一份特殊的认证。哪怕有一天 comupage 消失了，新华志愿车队的数字徽章也依然存在，因为它们已经在区块链上了。而这些拥有共识的人也会因此而存在联系，持续为 DAO 做出贡献。

4.2.3 酬劳发放：向贡献者发放酬劳

DAO 作为新兴的去中心化社区，带来了大量的工作机会。用户可以在 DAO 中工作，并获得一定的酬劳。

DAO 的发展需要大量人力，需要用户为其做出贡献来推动其发展。在 DAO 中有许多职业，用户可以依据自己的特长选择职业，并履行相应的职责。以下是 DAO 中的主要职业。

（1）开发者：DAO 十分需要加密领域的技术人才。优秀的技术人才可以承担开发全新的智能合约、完善用户体验、审计等工作，在获得历练的同时也能获得丰厚的报酬。

（2）社区经理：社区经理是 DAO 中的重要角色，主要职责是对用户进行管理，服务用户，为用户营造一个良好的社区氛围。

（3）内容创作者：DAO 需要有才华的内容创作者来建设社区，从而吸引用户入驻、推销产品等。只要用户喜爱创作、热爱分享，便可以成为内容创作者。

用户可以根据自己的兴趣选择 DAO 中的职业，并获得相应的酬劳。以下是 DAO 中的一些薪酬发放途径。

（1）Coordinape：Coordinape 是一个用于 DAO 薪酬分配的工具。用户通过该平台进行工作量的报告与验证，由其同行决定其薪酬的分配情况。在每个工作阶段结束后，用户将从 DAO 内部工作小组的总资产中获得一部分 GIVE 代币，并额外获得工作小组总预算的一部分作为薪酬。

（2）资助计划：每个 DAO 都有一个资助计划。DAO 中选举出的贡献者会对资助计划进行运营，负责审批拨款申请并合理分配资金。例如，Uniswap、Aave 等协议型 DAO 就拥有大量可分配资金，它们将这些资金发放给能够提供有价值的建议或服务的用户。

（3）收益共享：如果用户创造出了对 DAO 有价值的东西，就可以根据其他用户对产品或服务的需求从 DAO 中领取相应的奖励。在收益共享的机制下，用户可以从产品的销售额中获得部分收益。

DAO 正在热火朝天地发展，对于想要为 DAO 做出贡献的用户来说，这里并不缺乏机会。用户可以灵活地参加工作，根据 DAO 的需求做出贡献，并获得相应的酬劳。

CHAPTER 4

4.3 DAO 的未来机会

未来，DAO 会有哪些发展机会呢？第一，DAO 与人工智能（AI）结合，将让组织管理变得更加智能化；第二，DAO 与社交结合，将构建信任成本更低的社交网络，进一步推动 Web 3.0 的发展。

4.3.1 DAO+人工智能：流畅的智能化管理

人工智能与 DAO 结合，将为 DAO 提供一条更好的前进道路。DAO 可以让人工智能成为代理，代替人类进行决策，消除人类的偏见，从而实现 DAO 在没有人类等级管理的情况下的运作，快速达成最初的目标。

那么，如何实现人工智能 DAO 呢？具体有三条途径，如图 4-2 所示。

1. 在（智能合约）边缘的AI
2. 在（智能合约）中心的AI
3. 集群智能——自动涌现集体智慧的傻瓜代理

图 4-2 实现人工智能 DAO 的三条途径

1. 在（智能合约）边缘的 AI

一个 DAO 就像一个边缘决策的信息交流中心，每个边缘都是一个智能决策实体。如果所有的边缘实体都是 AI，而 AI 控制权被创造者赋予了运行中的 AI 本身，那么一个人工智能DAO就实现了。

例如，一个代币持有者将控制权赋予了一个 AI 智能合约，代替他做出关键决定，而自己只需要付出少量的维护费。这时，这个 AI 智能合约就像一位基金经理，根据自己的自动化小市场来做决策。

2. 在（智能合约）中心的 AI

智能合约的中心是一个更复杂的 AI 实体，这个 AI 实体是一个反馈控制系统。该系统的反馈回路如下：接收输入，更新状态，执行输出。

例如，某生产鞋子的公司把营销资金给了一个人工智能 DAO，这个人工智能 DAO 可以找出网络中哪些人是该公司产品的受众，并自动向他们发送资金和营销请求。随着时间的推移，该公司建立了善于提高营销回报率的声誉，人工智能 DAO 就会得到更多的任务。

3. 集群智能——自动涌现集体智慧的傻瓜代理

集群智能指的是在某群体中存在众多无智能个体，但它们通过相互合作可以表现出智能行为，如蚂蚁、蜜蜂等动物的行为方式。单个人工智能的集成可以激发集群智能，让 DAO 涌现出大智慧。

未来，更多的 DAO 会从完全由人类控制转变为自动控制，也会有更多的新兴技术加入 DAO，使其变得更高效。

4.3.2　DAO+社交：去中心化社交网络

在 Web 3.0 时代，DAO 让社交回归到人与人的协作本身，去中心化的社交形式让人们之间更容易建立起信任关系。

X Metaverse Pro 就是一个新兴的去中心化社交媒体平台，它专注于让创作者在平台上发布和共享内容。该平台采用 DeFi + NFT + GameFi + DAO +元宇宙的多元概念，以$XMETA 作为流通层的核心生态代币，建立一个去中心化分发网络，允许创作者控制、分发和货币化自己创作的内容，并且整个过程公开、透明、高效。

X Metaverse Pro 作为全新的社交媒体平台，具有以下特点。

1. 注重内容的管理和存储

X Metaverse Pro 使用密码学和超元界链保存经过验证的视频及其数据集，类目包括游戏、音乐、知识、美食、卡通等，所有上传内容都会经过加密和验证，其记录将永久保存在区块链上。

2. 创作者能以低廉的价格享受服务器托管和视频存储服务

X Metaverse Pro 平台上的所有创作者都能以非常低廉的价格享受服务器托管和视频存储服务。X Metaverse Pro 会激励那些具有额外存储和带宽能力的人参与到点对点内容传输网络中，任何人都可以利用自己的多余资源获取$XMETA 奖励。

3. DAO 治理

X Metaverse Pro 是一个正在向 Web 3.0 转变的社交网络平台，该平台通过 DAO 治理。成员通过持有$XMETA 获得治理权限，共同拥有、控制、决策平台发展方向。成员有权通过投票选举和弹劾版主，并且承担审核工作，查询平台中的内容是否合规，从而获取$XMETA。

X Metaverse Pro 是基于 Web 3.0 的创新应用，它完美地将社交生态与金融生态相结合，实现了由 DAO 治理的 Web 3.0 时代的社交。相信随着 Web 3.0 的发展，会有更多的社交产品出现，重构人类的认知。

第 5 章

商业模式重构：Web 3.0 构筑新商业

如今，市场环境多变，市场竞争日趋激烈，传统商业模式已经无法应对市场的变化。许多企业开始构建新商业模式，力求借助新科技，在 Web 3.0 时代闯出自己的一片天地。

CHAPTER 5

5.1 用户重构：以虚拟化身体现用户数字身份

在 Web 3.0 时代，用户通过虚拟化身进行网络世界的交互，而虚拟化身体现了用户的数字身份。这一身份是由用户所掌控的，被称为 DID。与 Web 2.0 时代的用户身份相比，以虚拟化身为表现形式的 Web 3.0 时代的用户身份更加开放，也更加安全。

5.1.1 虚拟化身体现用户的数字身份

在 Web 3.0 时代，用户的数字身份是其个体标识。用户通过数字身份在 Web 3.0 的网络世界中实现登录、授权与认证。同时，现实世界的真实个体与网络世界的虚拟化身之间不再是依附关系，虚拟化身是数字身份的具象表现，是真实个体在虚拟世界中的映射。在 Web 3.0 时代，用户可以拥有更加个性化的虚拟化身，提升在虚拟世界中的体验。

当前，很多社交、游戏平台都会为用户提供一个虚拟化身，并在一定程度上实现个性化定制。例如，在游戏《摩尔庄园》中，用户可以获得一个虚拟化身，并且可以自由选择虚拟化身的肤色、发型、装扮等，以此进行活动。但这种相对

刻板的虚拟化身依旧难以满足用户千人千面的需求。而在 Web 3.0 时代，虚拟化身的个性化程度将大大提升，用户可以根据自己的喜好自由创建各种虚拟化身，例如，根据自己的形象创建虚拟数字人、机器人、飞鸟等。

当前，已经有一些应用在虚拟化身方面做出了尝试。以虚拟现实平台 VRChat 为例，在借助 VR 设备登录 VRChat 后，用户可以根据个人喜好定制自己的虚拟化身。除下载平台中丰富的虚拟化身外，用户还可以借助 3D 形象创作工具自定义虚拟化身，获得更加独特的虚拟形象。当前，VRChat 已经与 3D 虚拟化身平台 Ready Player Me 达成合作，为用户提供简捷、易用的虚拟化身打造工具。截至 2022 年 2 月末，VRChat 的用户已经利用该工具创建了 50 万次自定义 3D 形象。

用户对于虚拟化身的兴趣也促进了虚拟化身平台的发展。2022 年 8 月，3D 虚拟化身平台 Ready Player Me 完成了 B 轮融资，总融资金额达 5600 万美元。Ready Player Me 创建于 2014 年，经过短短几年的发展，已经有超过 3000 个应用使用 Ready Player Me 的可定制版 3D 虚拟化身，包括 VRChat、HiberWorld 等。

Ready Player Me 不仅为用户提供虚拟化身系统，还将目光投向时尚品牌，开辟更多变现途径。通过虚拟化身系统，用户可以购买时尚品牌的数字配件。例如，Ready Player Me 曾与虚拟时尚品牌 RTFKT 合作推出一系列时尚服装单品。用户只要创建自己的虚拟形象便可领取并穿上时尚服装。同时，Ready Player Me 还支持用户基于个人照片创建虚拟化身，该功能可以将一张 2D 照片变成拥有逼真人脸的虚拟化身。

在 Web 3.0 时代，用户能够以自己创造的虚拟化身进入虚拟世界，与其他虚拟化身、虚拟场景进行交互。虚拟化身的兴起也促使更多虚拟化身平台出现。未来，在这些平台的助力下，更多用户可以通过虚拟化身互动，参与更加多样化的虚拟活动。

5.1.2 虚拟化身成为新的商业目标

2022 年年初，腾讯旗下的手游《王者荣耀》推出了一款和电视剧《西游记》联动的女儿国国王皮肤，上线三天销量就突破百万。为什么一款存在于游戏中、穿在游戏人物身上的服装能够获得用户的追捧？这反映了用户不一样的消费需求。

在现实世界中，人们购买商品时往往会注重商品的实用性，但在虚拟世界中，由于虚拟商品是用在虚拟人物身上的，美观度成了重要的购买标准。例如，在游戏中，优美的皮肤设计、酷炫的技能展示和皮肤自带的背景音乐等，都是吸引用户购买皮肤的重要因素。

在游戏中，用户愿意购买穿戴在虚拟人物身上的皮肤。同样，在 Web 3.0 时代，用户也会愿意为虚拟化身的服装买单。在 Web 3.0 时代，每个用户都会拥有自己的虚拟化身，为了获得更好的虚拟体验、展示自身个性等，用户存在装扮虚拟化身的需求，而品牌营销所面对的商业目标便从现实中的用户变成了这些虚拟化身。

虚拟形象科技公司 Genies 经过长期探索，在虚拟营销方面打造出了一种新的模式。在 Genies 平台上，用户可以根据自己的喜好自建一个虚拟形象，这个形象可以是真人形象，也可以是动物、外星人等形象。

此外，Genies 平台还提供可供虚拟化身穿戴的设备，如头盔、服装、武器等。用户可以通过充值购买或参与 Genies 的官方活动获得。目前，环球音乐集团已经和 Genies 达成合作。Genies 为环球音乐集团旗下的艺人提供虚拟化身和可穿戴的虚拟服装。艺人可以以虚拟化身和粉丝进行互动，也可以出售其同款虚拟化身和可穿戴的虚拟服装。同时，获得艺人同款虚拟化身和服装的用户可以在 Genies 平

台中使用它们。

随着 Web 3.0 的发展，将有更多的人在虚拟世界中以虚拟化身体验各种活动。面对这种趋势，企业需要拓宽视野，关注商业目标的转变，并据此推出新的虚拟产品。不仅用户可以借此获得更新奇的虚拟体验，企业也可以在新的赛道上实现腾飞。

5.1.3 用户以虚拟化身参与多种商业活动

当前，在网络中，用户可以凭借虚拟化身参与许多事情，如聊天、游戏等。而未来，用户虚拟化身的价值将被无限放大，用户可以借虚拟化身参与各种商业活动，获得真实的收益。

2021 年年底，时尚品牌 Forever 21 宣布将在沙盒游戏平台 Roblox 中创建一个虚拟商城。用户在其中能够扮演商店经营者这一角色。

用户需要在 Forever 21 商城中选择一个合适的地点创建自己的虚拟商店。用户可以选取不同的主题来装扮商店，如 FutureScape（未来世界）、Eco-Urban（生态城市）等；还可以布置各种家具、艺术品、灯饰等，使商店更加个性化。每完成一项任务，用户都会获得相应的积分。用户可以在 Forever 21 旗舰店中以积分购买家具或其他商品。

在运营虚拟商店的过程中，用户需要雇佣一个 NPC（非玩家角色）团队为商店工作，同时需要布置货架、模特等。和现实世界中的店主一样，用户需要处理店铺订单、补充店铺库存等。在 Web 3.0 火热发展的形势下，用户可以通过虚拟化身实现从现实世界向虚拟世界迁移，拓展商业活动场所。

在 Web 3.0 时代，用户还可以以虚拟化身沉浸式参观画廊。例如，世界著名拍卖行苏富比在区块链平台 Decentraland 上开设了一家虚拟画廊。这家虚拟画廊是新邦德街画廊的数字复制品，来自全球的艺术家、收藏家、游客都可以在虚拟画廊内进行艺术交流、线上互动，欣赏各地的珍稀艺术品，了解艺术前沿。同时，参观者还可以点击作品查看相关拍卖信息，并购买 NFT 作品，如图 5-1 所示。

图 5-1 苏富比虚拟画廊

用户的虚拟化身是其在虚拟世界中参与活动的载体。用户可以利用虚拟化身参与艺术展会、虚拟派对、品牌活动等。未来，随着技术的发展，用户可以以虚拟化身参与更加多样化的虚拟商业活动。

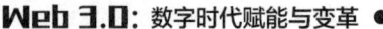

CHAPTER 5

5.2 产品重构：虚拟产品风潮渐起

随着年轻用户的崛起，实体产品已经不能满足当前日益增长的产品需求，用户渴望更新潮、更多元的产品。许多企业开始进行产品重构，借助科技手段，研发虚拟产品。虚拟产品风潮渐起。

5.2.1 NFT 赋能，虚拟产品的流通得以实现

NFT 的发展为虚拟产品的诞生奠定了基础。在 NFT 的支持下，无论是现实世界中的汽车、服装等有形产品，还是权益、IP 等无形产品，都可以转化为虚拟产品，实现在虚拟世界的流通。

NFT 非同质化的属性，让每一个虚拟产品都可以以完整的价值存在，这代表了未来的数字化价值。同时，分布式网络和区块链技术带来的信任支撑，使得以 NFT 形式存在的虚拟产品能够实现顺畅的流转，不至于产生过高的信任成本。

作为一个更加开放的互联网世界，Web 3.0 需要更加安全可靠，才能让用户放心地在其中进行各种活动。传统互联网平台中虚拟产品的归属问题是一个长久以来影响产品虚拟化发展的主要问题。虚拟产品的解释权在平台手中，但其归属并

不明确。

而通过NFT记录虚拟产品的归属信息，则可以解决这个问题。这种权益记录可以让虚拟产品像实体产品一样，随意进行流通、交易，不受平台的限制。虚拟产品也可以因此实现跨平台流通。通过NFT记录虚拟产品的归属信息，并实现点对点交易，可以大大降低信任风险，让虚拟产品流通更加安全高效。

5.2.2 虚拟产品销售：企业推出NFT产品成为趋势

2022年9月，苏富比举办了一场艺术家珠宝专场拍卖会，展出了许多顶尖创意作品。其中，一款名为"以太坊远征"的NFT戒指十分引人注目，如图5-2所示。

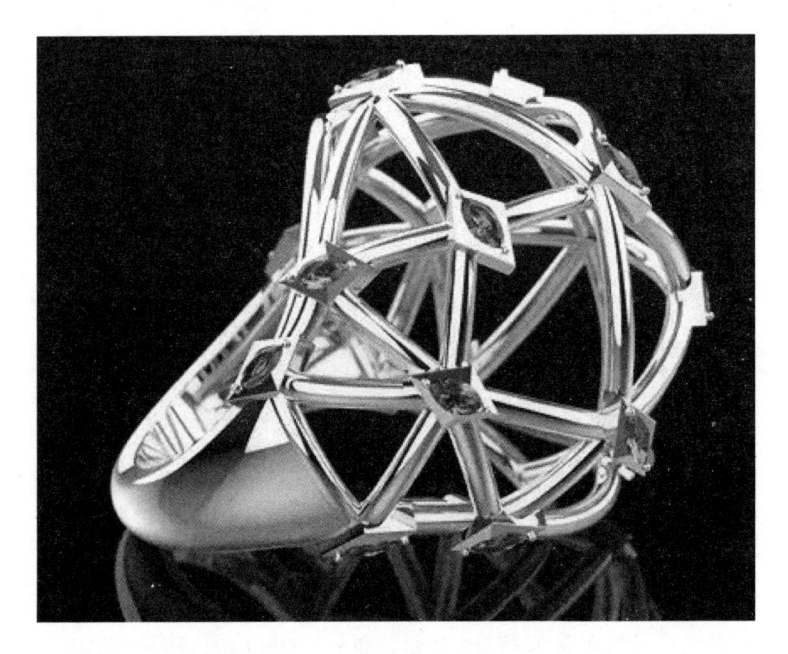

图5-2 NFT戒指"以太坊远征"

这款戒指的灵感来自洲际火箭发射，十分具有创意。与传统的戒指不同，购买这款 NFT 戒指的买家不仅可以获得这款戒指的 NFT 所有权，还可以获得一枚货真价实的戒指。买家不仅可以在现实世界和虚拟世界中同时佩戴这款戒指，还可以获得现实资产升值与虚拟资产升值的双重预期。

除苏富比外，还有不少企业也推出了虚拟产品。例如，经典电影《狮子王》与 DOPAI 平台合作，发行了 NFT 产品。DOPAI 是一个集合了 Web 3.0 与虚拟空间的综合项目，其致力于建立一个全新的数字藏品平台，尝试用数字藏品赋能 IP，增强 IP 影响力。2022 年 11 月，DOPAI "狮子王"数字藏品全球限量首发。该系列数字藏品通过展现东方特色及独特的艺术美学，迎合当代艺术潮流，积极拥抱年轻用户，是一组深厚文化底蕴与时代精神相融合的 IP 藏品。

"狮子王"数字藏品由《狮子王》IP 原创作者 Davy Liu、DOPAI 及多家公司联合发行。该系列数字藏品的灵感来自美国著名导演乔恩·费儒执导的电影《狮子王》，以数字藏品的形式将国际、跨界、融合的理念传递给喜爱《狮子王》及喜爱数字藏品的用户。

"狮子王"数字藏品旨在鼓励年轻用户无论现实如何，都要一直拥有对生活的热爱，坚定自己的信念，勇敢奔赴热爱之旅。这也是"狮子王"数字藏品的意义所在。它不仅是一件数字藏品，还是一种传承、一种精神。无论岁月如何变迁，《狮子王》故事里所传递的精神不会改变。

再如，在 2022 年的春晚舞台上，一支国风浓郁的舞蹈《只此青绿》成为传统文化的"破圈"佳作。为了宣扬传统文化，更好地保留经典，中国东方演艺集团携手阿里文娱推出了《只此青绿·心声》系列数字藏品。本次发行是为了向用户更好地传达剧中角色的内心独白，因此精选了 5 张剧照和 1 幅书法题词，总共设计了 6 款纪念票，每款限量发行 4000 份，总计 24000 份。该系列数字藏品一经发售便迅速售罄，显示出了超高人气。《只此青绿》NFT以创新技术弘扬国风文化，体现了传统文化与现代科技的交融。NFT能够借助区块链将实体产品转化为虚拟产品，将灿烂文化永久地存储于网络之中。

5.3 场景重构：商业活动实现虚拟化

Web 3.0 将重构未来的商业场景。未来的商业场景将逐渐走向虚拟化，以体验、互动为核心，营造新的商业氛围。面对即将到来的 Web 3.0 时代，企业应根据用户的新需求不断调整自身，构建符合用户喜好的消费场景。

5.3.1 生产虚拟化：数字孪生助力虚实协作

纵观互联网的发展历程，互联网领域的每一次变革都加速了用户与虚拟世界的连接。Web 3.0 时代即将到来，虚实协作平台为企业在虚拟世界中生产提供了可能。虚实协作平台能够搭建虚拟生产场景，企业生产流程的优化、调整都可以在虚拟生产场景中实现。

例如，在 2021 年的 GTC 大会上，英伟达创始人黄仁勋介绍了多项新技术，其中最受瞩目的当属虚实协作平台 Omniverse。英伟达的目标是将 Omniverse 作为生产力工具，帮助用户之间建立沟通，实现协作。英伟达的产品经理 Michael Geyer 认为，Omniverse 之于英伟达就像 AWS 之于亚马逊，"他们为自己构建了一堆东西，然后意识到它们可能对世界有用。"

英伟达为 Omniverse 的发布已经准备了 5 年。在这 5 年里，计算机图形学有了很大进步，但 3D 内容依然存在诸多问题。例如，相比于 2D 内容丰富的制作工具，3D 内容的制作工具仍有缺失；3D 内容的数据集增加快，很难移动数据；3D 工具繁杂，很多工具不能兼容；没有足够强大的硬件处理 3D 内容等。为了解决这些问题，英伟达创造了 Omniverse。

Omniverse 具有明确的构造，包含 5 个部分。其中，Nucleus 是核心，负责协调所有服务和应用；Connect 负责连接 Omniverse 和其他 3D 工具；Kit 确保开发者能用自己喜欢的语言进行开发；Simulation 负责进行物理模拟；RTX Renderer 负责渲染图像。

Omniverse 在 2020 年 10 月已经开始公测，有 1.7 万名用户进行了体验。Omniverse 更像一个辅助平台，让用户能够跨行业协作，减少摩擦；轻量化设计，提高工作效率。其中，英国建筑设计企业 Foster + Partners 把 Omniverse 当作实时协作工具，提升了团队协作效率。

为了提高工厂的生产效率与产量，许多企业不再满足于现实工厂，而是选择将工厂搬到虚拟世界中。作为知名汽车品牌，宝马集团与 Omniverse 平台达成长期合作，协调全球 31 座汽车生产工厂的生产。宝马集团的生产线数目众多且繁杂，每条生产线都能够生产 10 多个类型的汽车，每个类型的汽车又有超过 100 种搭配方案，所有的生产线有超过 2100 种搭配方案，这为宝马集团生产效率的提升增加了困难。

在 Omniverse 中，宝马集团的员工可以共同使用多种之前并不兼容的工具，共享生产数据。Omniverse 解决了之前数据不互通和汽车工厂规划耗费时间的问题，提升了宝马集团的生产效率。

同时，在 Omniverse 中，宝马集团还可以对汽车工厂的重点生产线进行特殊

环境模拟，优化生产流程。宝马汽车的整车装配由流水线员工完成，为了提高他们的工作效率，宝马集团通过 Omniverse 创建虚拟实验场景，让员工穿戴高速传感器进行操作，相关数据将会实时反馈到 Omniverse 中。工程师可以在虚拟场景中实时进行数据调整，并由员工在线下同步验证。

依托 Omniverse 孪生工厂，操作中的流程问题、未知风险都得到预演和修正。宝马集团每年的产能高达 250 万辆，生产流程中任何一处细小的优化对其效益的提高都是有意义的。

随着虚实协作平台的广泛应用，未来，在汽车、建筑等领域的生产场景中，工程师可以随时获取生产数据，提升整个生产流程的效率。

5.3.2 营销活动虚拟化：XR 营销创造新体验

随着互联网的发展，用户的消费偏好也在发生改变，由关注产品转变为关注消费场景。为了迎合用户的消费需求，企业开始构建多样化的消费场景，例如，打造线上虚拟消费场景来吸引追逐潮流的年轻人。线上虚拟消费场景的打造离不开科学技术的发展，而 XR 能够将现实世界与虚拟世界融合，提升用户的沉浸式体验。

XR 即扩展现实，是集 VR（虚拟现实）、AR（增强现实）和 MR（混合现实）于一体的综合性技术。XR 涉及多种交互技术和 3D 展示技术，是 Web 3.0 底层支撑技术中最重要的一项。

VR 能够给用户提供一个完全虚拟化的世界。通过 VR 头显，用户能够进入一个虚拟的三维场景中，获得拟真的沉浸式体验。同时，借助配合 VR 头显使用的手柄、手套等设备，用户可以自由地在虚拟场景中开展活动。VR 是连接现实世界和虚拟世界的一项重要技术，将改变人们生活、社交和工作的方式。

借助 VR 设备，用户进入的是一个由计算机模拟的虚拟世界。而 AR 和 VR 不同，AR 能够增强用户与现实世界的互动体验，用户在视觉和听觉方面能够获得更加真实的感受。

MR 指的是虚拟世界和现实世界融合后产生的新环境。在这个环境中，真实物体和虚拟物体能够共存，并且能够实时交互。例如，在混合现实的环境中，当用户身处公园时，不仅能够伸手触碰到虚拟的花朵，还能够闻到花香。同时，用户也可以定制自己的生活环境，自由地在现实世界中叠加虚拟景象。

而作为以上技术的综合体，XR 能够更真实地显示虚拟场景，并且用户能够和虚拟场景中的事物进行多样化的立体交互。

将销售场景搬进虚拟世界可以带给用户更好的购物体验，能够更好地促成销售。例如，当前用户在定制汽车时，可以在大屏幕上自由选择汽车的颜色、内饰、配置等，组合成自己喜欢的定制款，但无法获得真实的试驾体验。而在 Web 3.0 的销售场景中，用户按喜好定制好汽车后，可以借助 VR 设备进入虚拟空间，驾驶汽车自由穿梭于公路、沙漠等场景中，沉浸式感受汽车的功能和性能。

帕莱德门窗推出了一个虚拟产品体验平台，用户借助 VR 设备可以在虚拟场景中获得真实的产品体验。借助该虚拟平台，用户足不出户就可以亲身体验定制化方案的最终效果。这样的销售方式不仅能够为用户提供更多便利，还能够大大提高产品转化率。

随着 XR 技术的发展，科技赋能商业场景重构已经成为大势所趋。企业将以 XR 技术为依托，为用户打造多样化消费场景，创造更多虚拟化体验。

5.3.3 商业服务虚拟化：虚拟客服进驻更多企业

在 Web 3.0 时代，虚拟数字人技术将不断发展，其功能也将变得更加强大。除常见的输出内容外，虚拟数字人还能够作为虚拟客服进驻企业，实现商业服务虚拟化。

当前，在金融领域，虚拟客服的应用已经较为普遍。例如，虚拟数字人方案提供商魔珐科技，与光大银行合作推出了虚拟理财顾问"阳光小智"。

"阳光小智"是一个立体形象的智能客服，不仅具有专业的业务能力，还能够提供人性化服务。面对客户，她会亲切询问客户的业务需求，并通过流畅的语言和自然的动作与客户进行实时互动。她可以 7×24 小时不间断地为客户提供标准化、专业化服务，实时为客户答疑解惑。

除光大银行外，厦门银行、浦发银行等都已上线了虚拟客服，越来越多的金融机构意识到了虚拟客服的优势。虚拟客服可以将更多的员工从繁忙的重复性工作中解放出来，从事更有价值的工作。同时，员工在处理工作时，存在录入错误、操作失误等风险，而虚拟客服以 AI 驱动，遵循既定的流程和规则，能够很好地规避以上风险。

未来，随着虚拟客服的广泛应用，更多的基础服务工作将由虚拟客服完成。由此，企业的人员结构也会发生变化，企业将引入更多的管理人才和技术人才。

5.3.4 厚工坊：解锁虚拟发布会

在虚拟技术不断升级的背景下，很多品牌开始使用"虚拟主播+虚拟场景"打造虚拟发布会。虚拟发布会可以使用户在现实世界与虚拟世界之间来回穿梭，增强用户的沉浸感，为用户带来新的体验。这种形式也能为品牌营销带来新机遇。

例如，2022年6月，酿酒品牌厚工坊召开了"2022年厚工坊品牌战略升级暨新陈酿系列发布会"。此次虚拟发布会以"让优质酱酒走进生活"为主题，打破了空间与地域的限制。

厚工坊采取创新、有趣的传播方式，打造了一场极具科技感的视觉盛宴。厚工坊引入VR、AR等虚拟技术，搭建了一个虚拟场景，让人们享受到沉浸式的直播体验。在虚拟发布会上，虚拟数字品鉴官"厚今朝"以国风少女的打扮惊艳亮相，虽然她的出场时间并不长，但很好地串联起了整个流程，与嘉宾之间的互动对话也是可圈可点。

新浪、网易、腾讯、南方周末等主流媒体，以及厚工坊官方平台都直播了此次虚拟发布会，观看人数高达115万。此次虚拟发布会极具创造性和创新性，例如，将场地搬到虚拟空间、"厚今朝"作为虚拟主持人与嘉宾互动等，可谓开启了跨次元的奇妙之旅。

除厚工坊之外，奇瑞也召开了虚拟发布会，用极具颠覆性的虚拟场景传达产品理念。在虚拟发布会现场，奇瑞跨次元车型OMODA 5正式亮相，奇瑞虚拟推荐官也空降现场，向用户展示OMODA 5的应用场景，让人们身临其境般地感受到OMODA 5的舒适驾驶体验。

通过厚工坊和奇瑞的案例不难看出，多场景无缝转换、科技感十足、给用户带来沉浸式体验的虚拟发布会具有很大的营销价值，受到很多品牌的欢迎。对于品牌来说，虚拟发布会不仅可以为品牌形象赋能，推动品牌形象进一步升级，还可以借助先进技术对产品进行全方位展示，让人们获得沉浸式体验，从而吸引更多用户的关注。

总之，虚拟数字人兴起并发展，为品牌营销打开了新的窗口。虚拟发布会打破了空间与地域的限制，给人们一种全新的视听感受，为品牌开创了营销新局面，打通了多元营销路径。

第6章

商业战略迭代：Web 3.0 改写企业战略

企业战略指的是企业根据环境的变化评估自身实力后选择的经营方式。随着科技的发展，一个更加自由、去中心化、数字化的时代即将到来，企业应根据时代的变换改写企业战略，积极向虚拟世界发展。

CHAPTER 6

6.1 Web 3.0 开启企业战略迭代新契机

企业有自己的生命周期,企业应抓住时机不断自我更新,才能保证自身在激烈的市场竞争中不被淘汰。Web 3.0 时代的到来,为企业开启战略迭代提供了新契机。企业应抓住机会,进行数字化转型,探索多种数字化玩法,不断吸引年轻用户。

6.1.1 传统市场竞争激烈,常规战略难见成效

随着 Web 2.0 发展到一定程度,经济市场空间不断缩小,流量集中于几个核心平台,传统市场竞争更加激烈,常规战略难以取得成效。企业面临的问题主要包括以下几个,如图 6-1 所示。

1. 获客困难
2. 用户选择增多,复购困难
3. 用户需求转变

图 6-1 企业面临的问题

1. 获客困难

许多企业将希望寄托于线上的流量红利，但当前流量红利已经逐渐消退时，企业的营销成本居高不下。用户在经历了大量爆款内容的洗礼后，对于如今千篇一律的营销内容缺乏新鲜感。这也造成企业营销获客、转化困难。

2. 用户选择增多，复购困难

当前，市面上的新企业越来越多，用户的选择也越来越多。其他产品更为优惠的价格、更多有趣的功能，使得用户很难始终对一个企业保持忠诚。大多数企业都在积极地进行数字化转型，将年轻用户作为目标消费群体，但年轻用户的注意力很容易转移，很少产生复购行为。

3. 用户需求转变

科技的进步使得用户的消费偏好和消费需求发生了很大的改变。用户不再仅仅追求实惠、物美价廉，而是追求更高层次的满足感、幸福感。如果企业不能及时根据用户需求的转变改变自己的销售思路，就很难受到用户的青睐。

面对 Web 2.0 市场空间不断缩小的现状，许多企业开始将 Web 3.0 视作探索的新方向，提前布局 Web 3.0，探索全新的市场空间，向虚拟世界进发。例如，Facebook 把公司名称改为"Meta"；Gucci 发布了虚拟服饰、NFT 数字藏品等；百度推出了虚拟数字人"度晓晓"；一汽奔腾在虚拟世界中举办了线上发布会等。企业只有紧跟时代潮流，进行战略升级，开辟新的市场空间，才能更好地生存。

6.1.2　Web 3.0 剑指虚拟世界，开启市场新空间

在 Web 2.0 时代，各大企业为了争夺市场，利用人工智能、大数据等技术花样百出地进行线上营销，用户对于传统的营销方式已感到疲惫。Web 3.0 时代的到来、区块链技术的发展，催生了虚拟世界。企业不再局限于以前的表达阵地，而是选择在虚拟世界中开辟企业增长新空间。

例如，沙盒游戏公司 Roblox 从上市起就实现了股价的阶段性上涨。2021 年 11 月初，Roblox 发布的 Q3 财报显示，公司收入同比增长 102%，达到 5.093 亿美元。公司第三季度平均 DAU（Daily Active User，日活跃用户量）为 4730 万，同比增长 31%。受财报影响，Roblox 股价一路飙升，截至 2021 年 11 月 17 日，Roblox 总市值已突破 700 亿美元。

为什么 Roblox 能够在资本市场中风生水起？这与其创造出的虚拟世界密切相关。Roblox 本质上是一个沙盒游戏平台，但融入了诸多虚拟元素，这使其拥有无穷的魅力。Roblox 在虚拟世界的沉浸体验、内容生态、社交体系、经济系统等方面都做出了努力。

（1）沉浸体验：Roblox 兼容 VR 设备，同时具有头部追踪、转换视角等功能，能为用户提供更好的沉浸式体验。

（2）内容生态：Roblox 为用户提供多样的创作工具和丰富的素材库，鼓励用户进行自由创作。用户可以根据自己的兴趣创作角色扮演、动作格斗、经营、养成等多种类型的游戏，并且可以自行设计游戏的场景、道具、脚本等。

（3）社交体系：Roblox 具有很强的社交功能，用户可以在虚拟世界中与好朋友一起创作、体验游戏等，也可以结识新的朋友，甚至可以在虚拟世界中举办演唱会、生日聚会等，邀请朋友前来参加。

（4）经济系统：Roblox 中有一套完整的经济系统，覆盖内容创作与消费。其经济系统以其虚拟货币 Robux 为基础，用户可以购买或通过设计道具、创作游戏等获得 Robux。Robux 可以与现实世界中的货币互相兑换，用户可以将获得的 Robux 兑换成现实中的货币。

Roblox 利用虚拟世界实现自身的火热发展，让更多的企业看到了未来互联网行业发展的一个方向。一些企业开始在保持自身稳定发展的同时，提早布局，抢占 Web 3.0 的虚拟市场。

例如，天下秀是一家扎根于红人营销领域的营销企业，在经济下行的情况下，其 2022 年上半年的营业收入为 20.88 亿元，与 2021 年同期营收基本持平，显示出了巨大的竞争优势。天下秀能取得这样的成绩，得益于其在 Web 2.0 时代先后抓住微博、微信、抖音、B 站等平台火热发展所带来的流量机遇，在 2020 年，天下秀便成功上市。

在 Web 3.0 时代，天下秀仍在不断努力布局，打造新的经济增长点。天下秀推出了虚拟生活社区 Honnverse（虹宇宙），用户可以在这个虚拟生活社区内创建虚拟身份、虚拟化身、虚拟道具等，获得沉浸式社交体验。2022 年 8 月，Honnverse 宣布将与北京一未文化联手打造首个文学场景化数字藏品，并上线相关 IP 场景。该合作使得 Honnverse 的虚拟场景更加丰富，也为企业提供了一种全新的 IP 变现方式。企业可以利用虚拟场景宣传自己的产品与企业理念，虚拟场景也可以承载更多的互动体验，提升用户对企业的满意度。

Roblox 和天下秀在虚拟市场的成功，使众多企业看到了发展的新风口，纷纷布局虚拟市场。新兴的游戏公司、VR 公司等借助 Web 3.0 的东风纷纷获得融资，而腾讯、字节跳动等互联网大厂投资动作不断，正加速在虚拟市场的布局。在互

联网行业发展放缓的当下，各大巨头需要布局新的增量市场，以进一步扩大自身的商业版图，而 Web 3.0 则能打开全新的虚拟市场，给企业提供新的发展机遇。

6.1.3 多企业实践，虚拟世界盈利大有可为

Web 3.0 作为互联网发展的下一阶段，带给企业的不仅仅是一个新的营销阵地，更是由此开拓出的丰富的盈利场景。Web 3.0 为企业提供平台，区块链技术构筑起去中心化的虚拟世界，NFT 为用户资产保驾护航，在多重因素助力下，企业通过虚拟世界创收成为现实。

2022 年 10 月，昆仑万维对外公布了其 2022 年前三季度的业绩报表。报表显示，其前三季度的总营收为 34 亿元。其中，人工智能、虚拟世界等技术为其带来的营收十分可观。

昆仑万维的业务包括动态资讯、社交平台、游戏娱乐等。昆仑万维收购了用户众多的浏览器 Opera，将其打造成海外信息分发与虚拟世界平台。2021 年 11 月，Opera 通过相应的游戏浏览器、游戏引擎和游戏社交平台打造了虚拟世界，覆盖虚拟游戏、虚拟社交等诸多场景。在 Web 3.0 相关技术的支持下，昆仑万维通过虚拟世界获得了大量收益。随着 VR、AR、XR、数字孪生等技术的发展，虚拟世界将为企业提供更加多样化的盈利场景。

借助区块链技术，NFT 使得企业在虚拟世界创收成为现实。例如，2022 年 8 月，珠宝品牌 Tiffany 开启了利用实物定制 NFT 的新玩法，推出了 NFT 珠宝作品 NFTiff。这一名称来源于"NFT"与"Tiffany"的组合。第一批 NFTiff 在 8 月 5 日上市，限量 250 个，每个作品的发行价格为 30ETH（以太币）。即便数字货币价格下行，Tiffany 仍能够凭借 NFTiff 在虚拟世界营收超过 5 万美元。再如，LVMH

旗下的宇舶表、泰格豪雅等品牌也开展了 NFT 相关业务。宇舶表推出了两款与真实腕表相对应的 NFT 作品；泰格豪雅推出了可直接展示 NFT 的手表，实现了品牌线上线下同时盈利。

从短期来看，在 Web 3.0 发展趋势下，仍有许多技术、应用、玩法需要企业探索；而从长期来看，Web 3.0 作为互联网下一代的革新方向，充满了想象空间，企业需要结合自身需求努力探索，寻找盈利之道。

CHAPTER 6

6.2 多战略迭代，探索企业发展新路径

许多企业选择在 Web 3.0 时代进行战略迭代，探索自身发展的新路径，企业战略迭代主要有 3 个方向：定位、产品、营销。

6.2.1 定位：聚焦用户在虚拟世界中的需求

在 Web 3.0 时代以前，用户以浏览者身份参与互联网活动，企业进行内容产出以吸引用户。而在 Web 3.0 时代，每个用户在虚拟世界中都有一个虚拟化身，用户以数字身份参与线上活动。虚拟化身只有一个，他是有着消费习惯、品牌偏好、数字资产的虚拟个体。因此，虚拟世界中用户的虚拟化身变得尤为重要。企业应该及时进行战略迭代，聚焦用户在虚拟世界中的需求，关注用户在虚拟世界中的虚拟化身。

例如，2020 年，敦煌研究院与腾讯 QQ 联合推出了"飞天散花"厘米秀装扮。这是敦煌研究院与腾讯达成合作以来，在传统文化保护方面的又一次数字化尝试，也是一次敦煌文化与年轻人社交场景的融合。厘米秀是 00 后 QQ 用户最喜爱的 3 个功能之一，用户可以 DIY 自己的虚拟形象，并以这个形象和好友互动。

"飞天散花"厘米秀装扮包含男生和女生两套形象，并有 2D 和 3D 两种形式。装扮的每一个细节既有古典依据，又贴合年轻人的喜好。装扮整体上以飞天为原型，颜色以盛唐时期流行的红色、橙色为主色调，以敦煌壁画中最常见的蓝色、绿色为辅色调；在服饰方面，为了凸显飞天的飘逸感，衣服和飘带皆为薄纱质感；在造型上，男生形象戴宝冠、璎珞等，女生形象采用双丫髻造型，并辅以钗、步摇、钿等配饰。

用户可以在 QQ 厘米秀中换上敦煌装扮，也可以在聊天时发送"飞天散花"动作给好友。用户进入 QQ 聊天窗口，点击发送该动作，其虚拟形象会手捧鲜花翩然飞起，并伴有花瓣缓缓下落。除此之外，用户还可以根据聊天场景，让该虚拟形象做出其他趣味性动作，如"哇哦""精神小伙"等。新颖的互动方式吸引了大量用户使用相关功能，用户既能感受敦煌文化的魅力，又能自由表达自我。

再如，WithMe 是一款于 2021 年 12 月上线的虚拟社交 App，用户主要来自美国、加拿大等北美国家。在 WithMe 中，用户可以使用虚拟化身与其他用户交流。与其他社交产品要求用户从 0 到 1 地创建虚拟化身不同，WithMe 要求用户在系统预设的 24 个形象内选择自己的虚拟化身，并在此基础上进行改造。WithMe 为用户的虚拟化身改造提供了丰富的选项。用户可以选择自己虚拟化身的发型、脸型、五官、服饰、展示视频等。其中，虚拟化身的发型就有 70 多种选项，包含短发、中长发、卷发、直发等，每种发型还有 45 种发色可供选择，充分满足了用户的个性化需求。

在通过虚拟化身进行社交方面，WithMe 也十分努力。WithMe 共有 11 个官方场景，用户点击便可进入。WithMe 最大的特点是可以在一个场景内实现多种互动。例如，用户可以利用自己的虚拟形象在一个场景内完成在舞池热舞、在墙上涂鸦、做游戏等互动活动，十分有趣。

用户还可以在场景内利用虚拟化身与其他用户进行互动，互动形式有聊天、发送表情包、打招呼、拥抱等。用户也可以点击自己感兴趣的用户，相互关注后便可以成为好友。WithMe 这种在同一平台利用虚拟化身进行多场景社交的形式，实现了从聚焦用户向聚焦虚拟化身的转变，为企业探索 Web 3.0 打开了新的思路。

随着虚拟世界的逐步发展，去中心化成为现实，类似厘米秀、WithMe 这样的虚拟形象将在虚拟世界中代替人们完成消费习惯、品牌偏好等的表达。品牌将转换定位，聚焦虚拟人群。未来，将会出现更多针对线上虚拟化身的营销方式，围绕虚拟化身兴起的虚拟装扮、虚拟表情等产业也会越来越多。

6.2.2　产品：虚拟产品+虚拟体验，做出情绪价值

在 Web 3.0 的浪潮下，用户的消费需求不断发生变化，用户更渴望借助虚拟产品获得沉浸式体验。为了迎合用户需求，顺应 Web 3.0 时代发展潮流，越来越多的企业将陪伴用户作为产品战略，为用户提供沉浸式体验。

例如，2020 年"六一"儿童节，数字王国旗下的虚谷未来科技公司（以下简称"虚谷未来"）推出了我国第一位少儿阅读推广人"小艾"。这是数字王国在消费级虚拟数字人领域推出的核心产品。作为一名 12 岁的狮子座少女，小艾面向的是学前和小学低年级的小朋友，通过分享学习和生活，陪伴小朋友健康成长。

依托数字王国自主研发的实时动态追踪、眼球追踪和重力计算等技术，小艾的表情和动作能够惟妙惟肖地实时呈现。在特写镜头下，小艾脸上的雀斑、服装上的亮片等细节都清晰可见，甚至在其跳跃时，发丝和裙摆都会随重力感应呈现相应的变化。

小艾的重要价值就在于陪伴。很多家长因为工作繁忙，难以长期陪在孩子身

边，帮助孩子养成阅读习惯。而小艾就扮演了一个陪伴阅读的角色，激发孩子的阅读兴趣，引导孩子学会思考。目前，小艾主讲的少儿知识百科类动画《小艾问学》已经上线。在动画中，小艾生动地解答了很多有趣的问题，与小朋友们一起展开奇思妙想。

除虚谷未来外，在陪伴型虚拟数字人方面，Fable Studio 也做出了探索。在建立之初，Fable Studio 是一家 VR 叙事类娱乐公司，在凭借 VR 短片《Wolves in the Walls》获得艾美奖后，其开始将发展重心转向虚拟数字人，推出了虚拟数字人 Lucy。Lucy 是一个可爱的 8 岁小女孩，可以自由地和人沟通，给人温暖的关怀。

在虚拟数字人的设计风格上，Fable Studio 十分重视虚拟数字人的故事感，以营造温暖的情感关怀。Fable Studio 认为，人们在生活中往往会产生孤独感，会渴望交流和陪伴，但由于人与人之间的距离感，找到一个贴心的陪伴对象并不容易。基于这种需求，Fable Studio 希望打造出陪伴型虚拟数字人，为用户提供可以交流的朋友。2021 年，Fable Studio 推出了新的陪伴型虚拟数字人 Charlie 和 Beck。他们具有强大的日常交互能力，能够像真人一样和用户对话，满足用户的沟通和陪伴需求。

未来，随着虚拟数字人技术的发展及应用，虚拟数字人不仅能够在电商、金融等领域为我们提供多样化的服务，还会深入我们的生活，成为我们的个人管家、工作助手甚至朋友。未来，我们的生活可能是这样的：早上，当我们醒来时，虚拟管家会向我们打招呼并讲述当下的新闻、提醒我们今天要做的事等；当我们佩戴 VR 设备进入虚拟世界中自己经营的虚拟商店后，负责日常工作的虚拟员工会向我们汇报昨天或近期的交易订单；回到现实中，当我们驾车出行时，车载语音助手会为我们播报路况。

在产品战略迭代方面，企业可以聚焦用户需求，推出陪伴型产品，为用户提

供情绪价值。未来，除虚拟数字人外，企业还可以从用户的衣、食、住、行等方面考虑，借助科技的力量推出更多陪伴型产品，为用户提供更加贴心、温暖的服务。

6.2.3 营销：借助虚拟技术创新营销方案

在 Web 3.0 时代，企业可以借助虚拟技术将营销活动迁移到虚拟世界中。在虚拟世界中，企业可以借助虚拟技术尝试更多新奇的营销玩法，带给用户沉浸式体验。沉浸式营销是企业直达用户的途径，企业与 Web 3.0 时代新技术的碰撞，将会产生更多的"火花"。

从游戏、社交到制造、电商，再到营销，很多领域都在虚拟技术的助力下发生了深刻变革。因此，很多企业都借助虚拟技术创新营销方案，将营销场景迁移到云端，实现沉浸式营销。例如，阿里巴巴启动"Buy+"计划，借助 VR、AR、人工智能等技术打造三维虚拟购物场景；华为引入"场景购"解决方案，用 VR 购物场景打造沉浸式消费体验；华伦天奴在天猫上开了一家虚拟旗舰店，帮助消费者在线上浏览实体快闪店，并购买心仪的产品；眼镜品牌 GM 将营销场景从线下搬到了线上，借助淘宝展示虚拟商品。

企业要想实现虚拟营销，关键在于搭建一个虚拟世界，并在这个虚拟世界中满足消费者对购物的所有想象。数字孪生云服务商众趣致力于探索虚拟购物，运用 AR、VR、机器视觉等技术打造虚拟购物场景，为企业提供虚拟营销"基建"服务。

众趣旗下有很多优秀的空间扫描设备，再加上数字孪生、3D 视觉算法、互联网三维渲染等技术的加持，可以帮助企业构建虚拟购物场景，也可以对线下购物场景进行三维立体重建,从而将线下购物环境完整、真实地还原到虚拟世界中。

此外,众趣还能帮助企业在虚拟购物场景中设置购物标签。企业可以借助标签向消费者展示产品详情和购买链接。在虚拟购物场景中,企业还可以设置快捷导航,以便让消费者更简单、迅速地浏览不同旗舰店,进一步提升消费者的消费体验。

目前,众趣已经和阿里巴巴、华为、红星美凯龙等知名企业展开合作,通过自己强大的技术和工具帮助这些企业构建虚拟购物空间。有了众趣的支持,这些企业可以为消费者提供更优质的服务,而消费者则可以在足不出户的情况下享受到和线下购物几乎没有差别的沉浸式消费体验。

近年来,虚拟技术不断发展,为了突破地域的限制,吸引更多的年轻人,许多企业选择使用虚拟技术在虚拟世界中开展营销活动。在虚拟世界中,企业通过无缝转换的场景和充满科技感的舞台向用户展示自己的产品,传递企业理念,实现企业形象升级。虚拟营销能够增强用户沉浸感,吸引更多年轻用户的关注。

例如,2022年5月,顾家家居将其梦立方床垫新品发布会搬到虚拟世界中。线上虚拟发布会由虚拟数字人"银河赏金猎人小顾"担任主持人,小顾活泼可爱的形象为发布会增添了趣味。小顾可以实时与用户互动,拉近与用户的距离,吸引用户停留,带领用户开启跨次元的虚拟世界之旅。相比于单调的平面角色,虚拟主持人小顾则更加鲜活,能够在打造企业差异化特征的同时,增强年轻用户的黏性。在虚拟发布会上,用户在虚拟主持人小顾的引导下,体验梦立方床垫的多种应用场景,沉浸式感受梦立方床垫的舒适程度。

再如,2022年6月,生活用纸品牌清风在虚拟世界中举办了以"绿色清风,探索之旅"为主题的发布会。发布会以绿色森林为背景,搭配清风NFT花朵元素,为用户带来绿荫环绕、花香拂面的感觉。不同于传统的观众观摩模式,线上发布

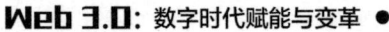

会为用户设置了"云打 Call"席位，突破了线上直播的边界，用户参与发布会的热情高涨。此次发布会参与用户数量累计达到 700 万人，互动评论超过 200 万次，将企业、用户深度联系在一起，触达年轻用户，实现企业破圈。

清风虚拟发布会的成功离不开其策划的营销方案。清风借助虚拟世界构建了符合企业清新风格的虚拟场景，给予用户震撼的视觉体验和多样化的交互方式，全面传递了企业理念。线上发布会筹备时间短、不受地域限制、传播范围广、可容纳用户多等优点，使其成为企业未来营销的新选择。

依托 Web 3.0 的虚拟世界的巨大价值逐渐显露出来，越来越多的企业尝试将营销活动搬到线上。未来，虚拟世界将成为企业开展营销活动的重要阵地之一，实现科技与企业营销的结合，开创营销新时代。

6.3 Web 3.0 时代，众企业加速战略布局

CHAPTER 6

Web 3.0 被称为下一代互联网，吸引了许多企业参与其中。为了能够提前抢占市场，许多企业已经开始行动，加速战略布局。互联网大厂阿里巴巴、腾讯、百度也相继投入建设中，助力 Web 3.0 时代加速开启。

6.3.1 阿里巴巴：聚焦多种区块链项目

随着 Web 3.0 时代的到来，技术成为企业发展的新引擎，去中心化的区块链成为新风口。阿里巴巴聚焦多种区块链项目，如图 6-2 所示，希望借助它们提前布局 Web 3.0。

1. 起源：公益链
2. 完善：商品溯源链
3. 突破：数据安全与跨境汇款
4. 成熟：区块链实验室

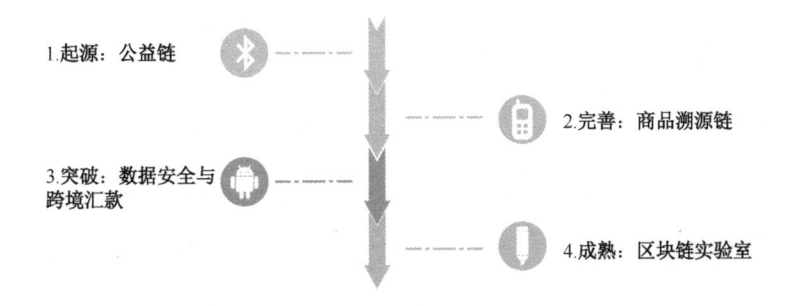

图 6-2 阿里巴巴的区块链项目

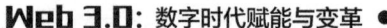

1. 起源：公益链

阿里巴巴对于新技术一直有着敏锐的嗅觉，其意识到区块链技术具有推动未来社会发展的巨大潜力，便一直关注着区块链的发展。2016年，阿里巴巴注册了区块链项目的第一个相关商标，并将区块链技术应用于公益事业。

2016年7月，阿里巴巴旗下的阿里金服将区块链技术应用于支付宝爱心捐赠平台，将每一笔爱心款项都记录在区块链上，解决了如何让公益善款开支公开透明的问题。

此次区块链项目的成功应用，也推动蚂蚁金服不断完善公益链。截至2018年年初，总计有37个机构、304个项目参与蚂蚁区块链平台，促进其不断发展。"区块链+公益"只是阿里巴巴布局区块链的开端，未来其将在区块链领域大展身手。

2. 完善：商品溯源链

公益链取得初步成功后，阿里巴巴开始尝试将区块链应用于更核心的应用场景：电商商品溯源。2017年3月，阿里巴巴与普华永道就打造可追溯的跨境食品供应链展开合作，以监督产品从生产者到购买用户的全过程。

阿里巴巴与合作伙伴在澳大利亚建立了一个试行区块链平台，进行流程测试。用户可以通过扫码查询所购买的产品的各种信息。2017年，天猫宣布将升级原产地溯源计划，未来将会覆盖更多国家、品类和平台。相伴而生的物流业务也在区块链的运行下得到了良好的推动。

2018年，阿里云公布了区块链解决方案，支持对天猫奢侈品平台售卖的商品通过区块链技术进行溯源。天猫会将奢侈品平台售卖商品的原材料生产地、流通过程、营销过程整合并写入区块链，使得每件商品都有写着区块链ID的"身份证"，可以供消费者查询。未来，阿里巴巴还要将区块链与菜鸟结合，打造一个去中心化的全球供应链追溯体系，完善整个物流体系。

3．突破：数据安全与跨境汇款

作为庞大的互联网企业，阿里巴巴的产品覆盖用户生活的方方面面。因此，数据安全问题是其考虑的核心问题之一，区块链技术的应用有望解决这一难题。

2017年8月，阿里巴巴旗下的阿里健康与常州市合作开展"医联体+区块链"试点项目，以此解决长期困扰医疗机构的数据安全问题。2017年，阿里巴巴旗下的蚂蚁金服CTO程立公布了蚂蚁金服的BASIC战略，其主要目的是保障数据安全。

在保障数据安全后，阿里巴巴尝试将区块链应用于数字交易。2018年6月，蚂蚁金服宣布其将推出全球首个基于区块链的数字钱包跨境汇款服务，并在发布会现场完成了第一笔交易。电子交易比以前的交易更加便捷，一笔交易耗时仅3秒，而以前则需要10分钟乃至几天的时间。借助区块链技术，跨境汇款能够实现实时到账，提供24小时服务，安全、省心。

2018年8月，阿里云发布了企业级区块链服务BaaS，能够实现跨企业、跨区域的区块链应用，支持多种应用场景，如商品溯源、供应链金融、数字内容版权等。在安全方面，阿里云采用芯片级安全技术，将其用于金融云区块链应用，以保障交易安全。

4．成熟：区块链实验室

阿里巴巴认为区块链是最有可能颠覆其核心业务的技术，因此一直对区块链进行探索和研究，并创建了区块链实验室。区块链实验室致力于研究区块链中的

共识机制、密码学安全等，将商业与金融作为突破口，实现拥有自主权的金融级区块链系统。

未来，阿里巴巴将继续探索区域链，致力于将区块链应用于更多消费场景，构建一个区块链网络。

6.3.2 腾讯：借 NFT 游戏拓展 Web 3.0 业务

Web 3.0 引得许多企业争相入局，抢占先机。而腾讯也暗暗蓄力，通过投资 NFT 游戏，开启了其在 Web 3.0 领域的业务。

2022 年 3 月，NFT 游戏开发商 Immutable 完成了 C 轮融资，在一众参投方里，腾讯赫然在列，这也是腾讯首次在 NFT 游戏领域参与投资。Immutable 打造了一款用户可以真正拥有游戏资产的区块链游戏。以往，用户在游戏内花费大量金钱购买游戏物品，尽管花费巨大，用户却无法将游戏物品出售或带到第三方市场，甚至有的资产还会被开发商随意没收。而 NFT 可以解决用户的困扰，其可以在无须第三方介入的情况下对数字资产进行确权和交易。

目前，用户主要在以太坊主网进行 NFT 交易，每笔交易需要付出几美元到几十美元的中介费。同时，以太坊主网的 TPS（Transaction Per Second，每秒事务处理量）过低，一笔交易需要数十秒才能完成。这些弊端限制了用户进行 NFT 交易，也制约了 NFT 在用户之间的扩张与普及。

Immutable 开发了 Immutable X 来解决上述弊端，这是以太坊 NFT 的第一个第二层扩展解决方案。通过 ZK Rollup 技术，Immutable X 在以太坊主网上建设了第二层区块链网络，具有交易确认速度快、无中介费等优点。根据 Immutable X 官网资料，其每秒可以处理超过 9000 笔交易。

Immutable 旗下不仅有热门 NFT 项目 Immutable X，还有 Gods Unchained、Guild of Guardians 等 NFT 项目，其是 NFT 赛道的主要企业之一，对于腾讯来说，确实是一个值得投资的企业。

6.3.3　百度：用 Web 3.0 的方式赋能品牌营销

Web 3.0 的到来打开了营销新局面，为企业提供了许多新奇的营销方式。一向走在科技前沿的百度也利用 Web 3.0 的新技术开发了虚拟演唱、虚拟空间平台、虚拟 AI 助手等，用 Web 3.0 的方式助力品牌营销。

1. 发布虚拟 AI 助手"度晓晓"

百度于 2020 年 9 月发布了手机虚拟 AI 助手"度晓晓"，这也是国内首个具有开放式 AIGC 能力的虚拟偶像。度晓晓在多个领域展现出不俗的实力。例如，在西安美术学院毕业展上，度晓晓携 6 幅画参与展览，每幅画创作时长仅数十秒，展现了其强大的内容创作能力；在 2022 年高考期间，度晓晓用 40 秒创作了 40 篇高考作文，在快速作答的同时也保证了质量。北京高考组阅卷老师认为其作文可获得 48 分，超过 75%的高考考生。

在 2022 年"618"活动期间，度晓晓还以星推官的身份为一加手机进行宣传推广。度晓晓具有的 AIGC 能力能够生成测评内容，实现品牌"种草"。同时，度晓晓能够基于大数据，将测评精准推送给目标用户，为用户提供多样化内容，实现品牌营销闭环。

2. 举办虚拟演唱会

百度元宇宙歌会是由百度 AI 赋能的国内首档 Web 3.0 沉浸式演唱会，具有很强的交互性。歌会首次集合了 AI 和 XR 技术，打破时间、空间限制，搭建奇幻激光舞台，与用户实现同屏互动。

此次歌会以元宇宙为场景，以百度强大的 AI 技术为驱动力，在各个节目内容的制作中融入 AI 技术，包括作词作曲、编舞设计、场景布置等。例如，百度利用 AI 技术补全残缺的《富春山居图》，并还原画作风格。百度 AI 将知名历史画作与当代技术相结合，还原画作原貌，让观众感受到画作的魅力与科技的震撼力。

此次歌会采用虚拟数字人度晓晓作为主持人，其具备强大的学习与交互能力。度晓晓既能够在歌会中自如表演，又能够作为主持人与嘉宾谈笑风生，进行个性化互动。

此次歌会构建了完整的 Web 3.0 全链路场景，整合了百度 Web 3.0 产品矩阵，如"希壤"元宇宙平台、数字人和数字藏品，并浓缩了"黑科技"、3D 奇幻舞台效果和国潮风格。数字人与明星虚实结合的共同演绎，使数字人与观众之间产生情感连接，为观众打造现实世界与虚拟世界深度融合的沉浸式视听盛宴。

据了解，百度元宇宙歌会仅筹备 3 个月，但得到的效果十分令人满意。对接的大部分品牌积极性都很高，充满了对虚拟世界的好奇。而它们敢于突破的积极心态，也给了百度继续探索 Web 3.0 的勇气。

3. 发布虚拟空间平台希壤

2021 年 12 月，百度公布了其创建的虚拟空间平台"希壤"，这也是首个国产元宇宙产品。希壤的外形是一个莫比乌斯环星球，百度团队在设计中融入了大量中国元素，将中国的山水、文化、历史都融入城市建设中。用户不仅可以探索三星堆，挖掘千年宝藏，还可以偶遇擎天柱、大黄蜂，历史与科技在这个城市中交融。

品牌可以在希壤开启营销新场景，探索营销新模式。例如，圣罗兰与百度希壤联手打造了首个虚拟空间奢侈品时尚秀发布会。用户进入希壤后，抬头便可看见圣罗兰定制的时尚飞艇从头顶飞过，漫步于街区便可看见户外灯箱上印着本次大秀的时间和内容。用户进入主会场后，能够获得沉浸式观影体验。每位用户都可以进行近景与远景的切换，保证其观影体验。当晚 8 点，圣罗兰 2023 春夏男装大秀在希壤的会场内准时拉开帷幕，为用户带来了一场精彩纷呈的视觉盛宴。此次直播在百度、圣罗兰和代理伙伴安布思沛三方的通力合作下顺利完成，是一次科技与时尚的完美融合。

Web 3.0 的虚拟空间已经成为未来营销的新阵地，百度将全方位布局 Web 3.0，借助科技的力量，让品牌营销拥有更大的想象空间与发展潜力。

第 7 章

企业营销变革：Web 3.0 助推营销"破圈"

在 Web 3.0 时代，许多新技术将成为企业营销变革的助推剂。企业将营销与 VR、AR、人工智能相结合，助力营销"破圈"，吸引更多用户。

CHAPTER 7

7.1 技术赋能，扩展营销空间

在新技术的支持下，企业的营销空间不再局限于现实世界，而是打破物理界限，向虚拟世界不断拓展，利用虚拟场景带给用户沉浸式体验，吸引更多用户，提高品牌的竞争力。

7.1.1 VR：打造实时沉浸式营销空间

随着 VR 技术的发展，越来越多的品牌尝试将 VR 技术应用于营销场景，VR 营销成为很多品牌青睐的营销方式。VR 营销可以带给用户沉浸式体验，将真实场景搬进虚拟世界，使用户与品牌的联系更加紧密，打造营销记忆点并提高营销转化率。自 VR 营销出现以来，其市场规模逐步扩大。

VR 作为当前的新兴事物，还没有完全普及，对于喜欢追求新事物的年轻人而言更具吸引力。其能够抓住用户的猎奇心理，让用户以体验新事物的心态看广告，提高用户对于广告的接受程度。

和传统的营销方式相比，VR 营销更具灵活性。其能够让用户在沉浸式场景中自由探索，提高用户的参与感。此外，沉浸式场景能够展示更丰富的内容。例

如，在 VR 看车的过程中，用户不仅可以 720°旋转车身，还可以切换场景、更换颜色等，了解汽车更多信息。

VR 营销对各行各业都十分有利，很多行业进行了 VR 营销方面的实践，如图 7-1 所示。

1. 地产：VR 看房、VR 装修

2. 电商：VR 购物新体验

3. 文博：VR 展览成趋势

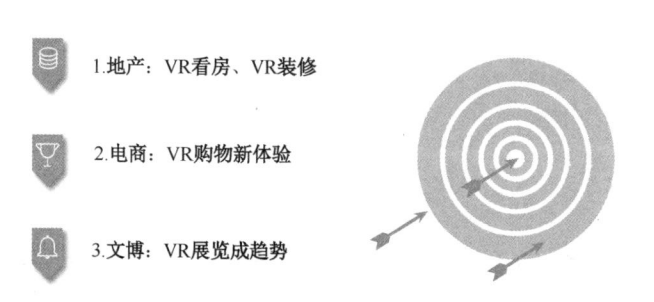

图 7-1　各行业的 VR 营销实践

1. 地产：VR 看房、VR 装修

当前，VR 看房已经成为很多房地产服务平台的核心功能。链家、贝壳等平台纷纷上线了 VR 看房功能，该功能有利于打破时间和空间的限制，向用户展示更真实、全面的场景。借助 VR 看房功能，用户不仅能够了解房屋的户型、朝向、长宽等信息，还可以在 3D 空间中感受室内实景，自由进行沉浸式漫游。

VR 装修目前也十分普遍。借助 VR 技术，在虚拟样板间内，用户可以提出自己的设计方案，挑选自己喜欢的产品，自己动手装饰房间。这种方式不仅具有很强的趣味性，还能让用户更直观地了解产品特征、产品信息等，并明确自己想要的装修效果。

2. 电商：VR 购物新体验

VR 购物是近年来新兴的一种购物方式。在手机上，用户不仅可以 360°查看商场全貌，还可以进入商场中自由浏览、购物。广州 K11 购物中心就上线了 VR 购物功能，通过 VR 技术呈现商户橱窗、商品陈列等。用户通过小程序进入 VR 探店页面后，可以 360°浏览商场全貌，进入商场后可以自由探店，浏览商店中的各种商品。如果想要购买某件商品，用户只需要一键呼叫就可以与店员进行一对一的沟通并购买商品。

3. 文博：VR 展览成趋势

在文博领域，VR 与展览的结合使用户足不出户就可以欣赏到博物馆中的精美艺术品。2020 年 5 月，由中国博物馆协会等单位主办的文创节上线。在活动中，借助 VR 技术，一件件精美文物"走出"玻璃柜来到用户面前，用户可以近距离欣赏，甚至可以"触摸"。在此次 VR 展览中，用户不仅可以获得身临其境的观赏体验，还可以聆听专家的讲解，在沉浸式氛围中了解文物背后的动人故事。

VR 技术能够将真实营销场景搬进虚拟世界，吸引用户的注意力，使用户沉浸其中，获得良好的体验。未来，VR 技术将应用在更多营销场景中，为品牌数字营销矩阵的搭建提供助力。

7.1.2　AR：现实空间与虚拟场景联动

AR 是一种利用计算机所生成的逼真的视觉、听觉等感觉营造沉浸式虚拟环境的技术，用户在其中可以自由交互。AR 能够为品牌虚拟营销提供技术支持，将虚拟营销场景引入现实。

虚拟空间的沉浸式体验让很多品牌打破了在营销方面的惯性，这些品牌纷纷依托先进的互联网技术，将品牌营销方式变革作为切入点，重新定义行业规则。

例如，在第 72 届佛罗伦萨男装展上，品牌迪赛举办了一场虚拟空间时装秀，试图用突破性的表演打造一场虚实结合的营销活动。工作人员先将预制的 3D 动画投射在一块特殊的玻璃上，营造浪漫气氛；在模特走秀时，再将以海洋生物为背景的 3D 动画转换为虚拟模特，与真实的模特一起走秀，共同展示服装。借助 AR、3D 全息投影等技术，展示舞台不仅有瑰丽的背景，台下的观众还可以与模特进行亲密互动。这场虚拟场景与现实营销活动相结合的时装秀让观众耳目一新。

除迪赛外，其他品牌也在积极引入虚拟技术。例如，沃尔玛计划大规模推出 AR 试穿功能，将虚拟营销场景引入现实，为用户带来更好的体验。2022 年 7 月，沃尔玛推出了家居用品 AR 可视化功能。用户可以将沃尔玛的家具产品通过 VR 功能放置于自己家中，查看是否合适。2022 年 9 月，沃尔玛在其 App 中推出了 AR 服装试穿功能。用户需要先拍一张照片，再将照片上传到 App 中，然后通过图片处理工具将虚拟的衣服叠加在自己身上，查看服装上身效果。需要注意的是，用户在上传照片时需要设定自己的身高、体重等数据，以方便对比不同尺码的衣服的上身效果。

在这些品牌的推动下，一场营销方式的变革正在悄然发生。虚拟技术从改变营销方式开始，重构整个营销体系。品牌通过虚拟技术赢得人们的支持和认可，再进一步扩展营销边界，获得更好的发展。

7.1.3　Gucci 携手 Roblox，开展多重虚拟营销

虚拟世界是一个亟待挖掘的世界，Gucci 作为新鲜事物的探寻者，携手虚拟社交平台 Roblox 分别进行了两次探索。

2021 年 5 月，Gucci 携手 Roblox 在虚拟世界中举办了一场为期两周的虚拟展

览"Gucci Garden",获得了广泛关注,吸引了许多用户参与。

进入展览会场后,用户会获得一个虚拟化身,并可以自由地在多个场景中漫步,欣赏 Gucci 展出的产品。在展览期间,Gucci 推出了几款限量产品,用户可使用 Roblox 中的虚拟货币 Robux 购买。值得一提的是,由于限量产品的价格持续上涨且购买不易,此次限量产品一经推出就引发用户疯狂抢购。

Gucci Garden 的火爆,为 Gucci 以后的活动奠定了基础。2022 年,Gucci 与 Roblox 进行了第二次合作,推出了永久虚拟应用——Gucci Town。Gucci Town 的中央有一个开放性广场,将各个区域连接起来,周围区域有迷你游戏区域、创意街角、工艺坊、自拍街、咖啡馆和一家虚拟的 Gucci 门店,这些场景都以现实世界为原型。用户可以在迷你游戏区域进行游戏,在工艺坊做手工,也可以在咖啡馆内休息、聊天与交友,或者进入 Gucci 门店为自己的虚拟形象购买一些潮流服装。

Gucci 门店内的衣服种类繁多,包括上衣、裙装、外套、牛仔裤等,与现实中的门店并无差别。门店内的服装均采用以好莱坞 3D 动画为基础的创新"多层服装"技术,能够达到与现实相同的穿着效果。这项技术能够让虚拟时尚设计师创作出更好的设计作品,也能够让虚拟空间的用户沉浸式地观赏 Gucci Garden。

用户可以参加游戏,通过游戏可以获得双 G 宝石,创作出独一无二的艺术作品,或者了解品牌的历史与学习品牌的工艺。用户还可以使用 Gucci Town 中的货币购买道具。

在消费场景多样化的互联网时代,品牌只有多方面尝试,才能探索出属于自己的发展道路。Gucci 通过"虚拟产品+虚拟展览"的形式,全方位进军 Web 3.0 领域,打造虚拟世界产品矩阵,吸引更多用户的关注。

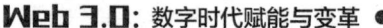

7.2 虚拟数字人：企业营销好帮手

虚拟数字人是人工智能不断发展的产物，能够为用户带来新鲜感，迅速拉近与用户的距离。虚拟数字人的诸多优点使其成为企业营销的手段之一，许多企业借助虚拟数字人展开营销，打通多元营销路径。

7.2.1 虚拟偶像变身代言人，引来年轻用户

在 Web 3.0 时代，虚拟数字人是虚拟世界的原住民。虚拟偶像是虚拟数字人的一种特殊形式，能够有效地助力品牌营销。品牌用虚拟偶像作为代言人，能够实现营销创新，以科技感、新奇感触达更多年轻用户，激发年轻用户的购物热情。

例如，2021 年 5 月 20 日，虚拟偶像 AYAYI 第一次在小红书上与广大用户见面，如图 7-2 所示。其面容介于真人与 AI 之间，引起了用户极大的好奇心。AYAYI 一经亮相便在小红书上掀起了一股讨论热潮。

AYAYI 的超高热度使她受到了各大美妆品牌的热烈欢迎。娇兰、LV 纷纷对其发出邀请，希望 AYAYI 能够参加品牌的线下活动。而其团队也对发出邀请的品

牌仔细挑选，从内容、风格等方面选择适合 AYAYI 的品牌，希望能够加强 AYAYI 与现实世界的联系。

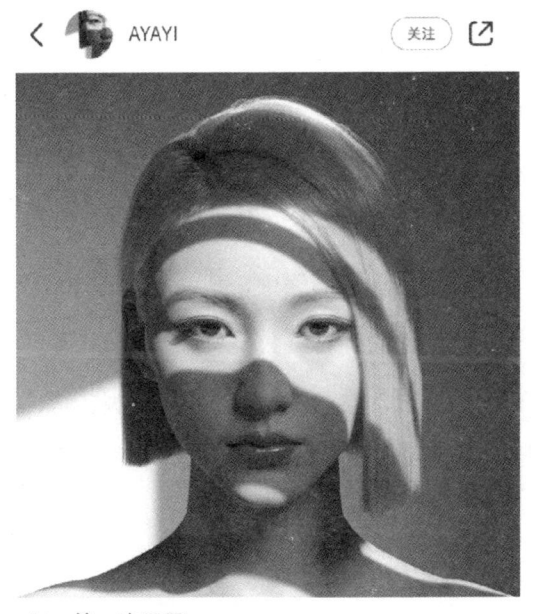

图 7-2　虚拟偶像 AYAYI

2021 年 6 月 15 日、16 日，AYAYI 参与了法国娇兰的线下打卡活动。随后，许多 KOL（关键意见领袖）也追随 AYAYI 的脚步前来打卡，并将照片发布在多个平台上，掀起了不小的热度。AYAYI 作为虚拟偶像在年轻群体中的号召力可见一斑。

再如，2020 年 8 月，韩国 Sidus Studio X 工作室推出了一位虚拟数字人 Rozy。自"出道"以来，Rozy 在 Ins（Instagram）上已经拥有超过 13 万粉丝，显示出了

超高人气。Rozy 的人设是一位 22 岁的年轻女孩,她会在 Ins 上发布日常生活、旅行记录、时尚信息等内容,还会与用户互动。许多用户都表示并不觉得 Rozy 是一个虚拟数字人,而是更像一位亲切的朋友。Sidus Studio X 工作室则认为 Rozy 是一个虚拟与现实的结合体,她可以做到真实人类无法完成的事情,打破时空界限,在各个地方任意移动。

2021 年,Rozy 的全年收入达到 15 亿韩元。Rozy 的收入主要来自与知名品牌签约代言,如香奈儿、爱马仕等奢侈品品牌。她会在 Ins 上宣传签约品牌的产品,其广告覆盖面极广,不仅会出现在网络中,还会出现在电视节目、线下广告牌、公交车车身等非网络环境中。除 Rozy 自身所具有的超高热度与流量外,虚拟数字人的身份使得其拍摄所花费的时间少于真人,这大大降低了拍摄广告的成本。这也是 Rozy 受到品牌方青睐的重要原因之一。

除此之外,Rozy 还受到时尚界与娱乐圈的喜爱。Rozy 与英国知名模特 Shudu 共同拍摄了民族风格的时尚大片,还前往华盛顿和纽约,参加虚拟时装走秀活动。2022 年,Rozy 陆续发布了两张专辑《who am I》和《to the sea》,大受欢迎。虚拟代言人帮助品牌吸引年轻人的注意力,俘获更多目标用户,实现品牌盈利增长。

虚拟偶像结合了传统明星偶像和二次元动画人物代言人的优点,既有着强大的粉丝流量,又能够保证代言人自身的稳定性。

首先,虚拟偶像与品牌有着更高的配合度,能有效避免人设崩塌、网络丑闻等风险。其次,虚拟偶像可以打破原有的商业边界,不受时间、地点等客观因素的限制,可以极大地满足用户的想象。最后,虚拟偶像能更高效地生产内容,降低内容生产成本。可以说,虚拟偶像为品牌营销提供了更多想象空间,丰富了品牌营销方式,优化了品牌营销效果。

品牌营销与虚拟偶像的结合还为品牌提供了一个重塑自己的机会。品牌可以趁机发展虚拟产业,并发挥虚拟偶像天然的优势,让他们代言虚拟产品,以此实现虚拟世界和现实世界的联动宣传。

品牌想要打入年轻用户市场，可以选择虚拟偶像作为代言人，激发年轻用户的购物热情。品牌只有不断跟随年轻用户的脚步，满足年轻用户日益增长的需求，才能激起用户的购买欲望，为品牌销量增长助力。

7.2.2　打造品牌虚拟代言人，强化品牌符号

在 Web 3.0 时代，品牌 IP 打造方式发生了转变，由传统的注重品质、外观转变成注重 IP、应用场景。品牌 IP 打造更强调品牌与用户之间的情感沟通，因此许多品牌选择打造虚拟数字人，为品牌代言。

在虚拟数字人 IP 火热的当下，哈啰电动车率先布局虚拟数字人产业，推出了首位品牌代言人"哈啰图灵"。哈啰图灵整合了 AI 绘制、实时面部表情捕捉、动作实时捕捉等技术。在这些技术的支持下，哈啰图灵拥有了丰富的表情、精细的动作和实时互动的能力。

在哈啰电动车拍摄的微电影《哈啰图灵·数字人生》中，哈啰图灵赋予哈啰电动车多种功能：10 米内自动识别用户身份，用户无须钥匙便能解锁哈啰电动车；根据用户的骑行场景开启辅助骑行；基于历史骑行数据监测哈啰电动车的用电、充电状况等。在微电影中，哈啰电动车借助哈啰图灵向用户展示了最新的 T30 智能平台和 VVSMART3.0 超联网车机系统，传达了其一直以更智能的产品助力用户美好出行的理念。

在品牌纷纷打造虚拟数字人 IP 的当下，哈啰电动车推出哈啰图灵来强化其智能化、数字化的品牌形象。这不仅是哈啰电动车在智能出行领域的探索，还为整个行业的发展提供了新方向。未来，会有越来越多的品牌推出集智能算法、数字

技术、情感联系于一体的虚拟数字人。

奢侈品品牌也在推进虚拟数字人的打造进程。2021 年 10 月，Prada 推出了由 4 款女性香水组成的全新香氛系列 Prada Candy，并在 Ins 和 TikTok 等社交平台上发布了全新的 Candy 香水宣传视频。视频中有一位虚拟模特，她脸上有雀斑，拥有自然随性的"野生眉"、紫罗兰色的眼眸及棕色个性短发，这便是 Prada 推出的与该款香水同名的虚拟数字代言人"Candy"。Candy 是一位古灵精怪的女生，紫罗兰色的眼眸也与 Candy 香水的色调相符，十分契合香水的设计理念。

Prada Candy 系列香水已经面世 10 余年，而此次推出新款香水与虚拟数字代言人，则是面向年轻用户的新尝试。Candy 的出现，打破了 Prada 只采用明星和"网红"代言的营销策略，是 Prada 在 Web 3.0 时代一次新的尝试。

让虚拟数字人 Candy 作为品牌代言人，不仅可以为品牌注入活力，还可以吸引年轻用户的关注，促使品牌年轻化。Prada 的香水业务负责人也对 Candy 代言充满期待，其表示年轻用户能够通过 Candy 认识 Prada，而这些用户也正是 Candy 系列香水的消费群体。

在珠宝领域，以年轻用户为目标的 I Do 珠宝也借助虚拟代言人强化品牌符号。I Do 珠宝一直擅长以故事、情感作为宣传点进行营销，其打造的虚拟数字人 Beco 在单曲 MV《I Do》中亮相。在歌曲 MV 中，Beco 有一头粉蓝色渐变短发，穿着清纯可爱的白色短裙，搭配着 I Do 珠宝饰品，吸引了不少年轻用户的关注。

虚拟数字人以更加新奇的方式拉近了品牌与用户的距离，扩大了品牌在年轻用户群体中的影响力。虚拟数字人作为品牌代言人，能够帮助品牌尽快实现差异化和年轻化，快速建立品牌标识，打入年轻用户内部。同时，虚拟数字人对于品牌有着绝对的忠诚度，是品牌可以永久持有的数字资产。

7.2.3 打造自有虚拟主播，开启直播带货新模式

启用外部虚拟代言人存在不确定性，因此许多品牌选择打造自有虚拟主播，为品牌进行直播带货。

屈臣氏作为知名日化品牌，率先开始了自有虚拟主播的打造。屈臣氏创造了一个品牌自有的虚拟偶像"屈晨曦"，打破了次元壁。屈晨曦以潮流少男的形象出现，在屈臣氏的小程序中担任品牌顾问，为用户介绍产品、做测评，还可以与用户进行游戏互动、语音聊天。同时，屈晨曦积极切入直播带货赛道，携手知名带货主播，通过直播一次次引爆产品销量。

屈晨曦还会在社交平台上更新日常动态，屈晨曦就像用户身边一个亲近的朋友，随时随地分享自己的动态，与用户建立情感联系。对于屈晨曦未来的发展，屈臣氏表示其会长久地处于成长学习的阶段，未来屈晨曦如何发展是由粉丝决定的。由此可以看出，屈臣氏将屈晨曦设定成一位"养成型"虚拟偶像，会基于用户的需求进化成长。

2020年9月，屈晨曦以屈臣氏AI品牌代言人的身份登上《嘉人NOW》杂志封面。作为新生代虚拟偶像，能够得到潮流杂志的青睐，表明屈晨曦具有无限潜力。屈晨曦与《嘉人NOW》的合作，标志着其业务范围的扩大。从聚焦美妆护肤到打造美丽生活一站式服务，屈晨曦满足了用户的多元化需求，增强了用户黏性。同时，屈晨曦的人物形象更加立体、真实。

电商直播没有白天和夜晚的时间限制，在不同的时间段都可能有用户进入直播间。虚拟主播可以提升用户的购物体验，让用户在白天和黑夜都可以享受服务。例如，自然堂推出虚拟主播"堂小美"。她不仅可以专业、流畅地介绍不同产品的

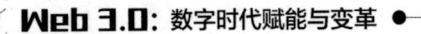

信息，还可以自然地和用户互动，如和刚进直播间的用户打招呼、根据用户评论的关键字做出相应的答复等。此外，在介绍产品的过程中，堂小美还会提醒用户使用优惠券、购物津贴等，十分贴心。

　　打造自有虚拟主播为用户带来了新鲜感，增强了直播的科技感，同时能够填补空白的直播时间。这样无论用户何时进入直播间，都有主播在线为其服务。未来，虚拟主播的营销功能将越来越丰富，能够给用户提供更为贴心的服务，促进品牌营销革新。

7.3 NFT：联动产品，打通营销策略

NFT 具有诸多好处，不仅能摆脱空间的束缚，还能设计多元玩法与用户进行互动。NFT 作为品牌对外沟通的媒介，能够释放用户的参与热情，满足用户的精神需求。因此，许多品牌开始与 NFT 进行联动，借助 NFT 的热度，打通营销策略，吸引更多年轻用户。

7.3.1 紧跟 NFT 潮流，推出数字藏品

Web 3.0 时代的年轻用户热爱新奇事物，追求与众不同，在选购商品上也有独一无二的见解。一些品牌根据年轻用户的特征，推出品牌专属数字藏品。每一个数字藏品都具有唯一性，牢牢抓住了年轻用户追求独特性的心理。

例如，安慕希在 2021 年推出了全球首款"数字酸奶"，率先解锁了发布品牌专属数字藏品的品牌营销新玩法。首先，安慕希抓住了虚拟数字人这一新风口，与天猫超级品牌日的数字主理人 AYAYI 进行了一场跨次元合作，推出了一款根据用户大数据反馈定制而成的数字酸奶，宣称这款酸奶能够更懂用户所需。此款产品一经推出，便迅速引爆了各大网络平台，很多年轻消费者都表示这款产品看起

来很神秘，也引起了他们对安慕希这个品牌的兴趣。

其次，安慕希推出了"反诈数字酸奶"这一新产品，并进行了一场别开生面的反诈宣传。安慕希先是推出了《调虎离山》《雁过拔毛》《猴子捞月》3个反诈宣传动画小短片，然后为了配合此次宣传，又推出了限量2万份的数字藏品酸奶，消费者可以通过安慕希的公众号领取。这是首款反诈主题酸奶，每一瓶酸奶的瓶身上都有对应的反诈标语，还有对应的编号，这些编号是反诈酸奶上链的证明，有效保证了藏品的真实性与唯一性。

在此次营销活动中，安慕希不仅抓住了时事热点，还重点关注了年轻消费者所担心的在虚拟世界中的隐私、财产安全问题，迅速引发了年轻消费者的热议，同时树立起一个具有高度责任感的品牌形象，可谓一举多得。

在金融领域，许多银行也纷纷推出数字藏品。例如，微众银行于2022年1月推出了数字藏品"福虎"。这是到目前为止规模最大的数字藏品项目，总发行量为20.22万份。用户可以免费领取、分享、查询等，但不能转赠和交易。

同样在2022年1月，北京银行推出了2022份"京喜小京"数字藏品。该系列数字藏品以春节传统文化习俗为设计灵感，将红包、糖葫芦等传统年俗元素与小京形象结合在一起。每份数字藏品都有唯一标识，用户可以永久保存，但不能交易。

推出品牌专属数字藏品也是传递品牌价值的一种方式。随着数字藏品的盛行，越来越多的品牌开始专注于挖掘自身价值，不断推动自身文化与现代科技的融合，推出更有价值的藏品吸引消费者。

7.3.2 NFT 作为产品兑换券,引发用户关注

当传统营销手段已经难以打动用户的时候,许多品牌开始选择 NFT 数字藏品来增加品牌热度。品牌将 NFT 数字藏品作为一个载体,通过 NFT 赋予用户品牌权益。用户可以将 NFT 数字藏品看作实体产品兑换券,通过拥有 NFT 数字藏品享受品牌权益。

例如,2021 年 12 月,为了庆祝品牌成立 80 周年,时尚鞋包品牌 Coach 推出了首个 NFT 数字藏品系列。该系列数字藏品包含 8 个角色,均出自 Coach 推出的《雪城》小游戏,总计 80 份数字藏品。拥有 NFT 数字藏品的用户可将其兑换成实体 Rogue 包,不愿意兑换的用户则可以将 NFT 数字藏品以几千美元的价格转卖给其他人。

2022 年 6 月,Coach 发布了第二个 NFT 数字藏品系列——Coach×Shxpir NFT。Coach 此次发行 NFT 数字藏品是为了增加会员数量,因此 Coahc 规定 Coach Insider 会员可以优先领取 Coach×Shxpir NFT。用户为了获得 Coach×Shxpir NFT,纷纷注册会员。Coach×Shxpir NFT 在几分钟内便被抢购一空,Coach 也完成了其拓展会员的目标。

酒类品牌也相继推出 NFT 数字藏品。例如,2022 年 1 月,高端龙舌兰酒品牌 Patrón 推出了其首款 NFT 数字藏品。每份 NFT 数字藏品都可兑换一瓶独家龙舌兰实体酒,总计 150 瓶。NFT 数字藏品售价为 1.5ETH,每位购买 NFT 数字藏品的用户都可以随时兑换相应的龙舌兰酒。这种 NFT 数字藏品的发售方式适用于一切具有高产品价值的品牌,品牌可以通过这种方式,吸引更多用户。

NFT 的营销玩法有很多,品牌可以根据自身的情况选择相应的营销玩法,开

创新的营销渠道来吸引年轻用户，在为用户带来新奇体验的同时，促进品牌热度的提升。

7.3.3 联动 NFT 项目，实现跨界营销

随着 NFT 数字藏品的火爆，越来越多的品牌开始关注 NFT 营销。因为传统的营销方式很难带给用户新鲜感，所以品牌开始探索营销新途径，借助 NFT 的热度，与 NFT 项目联动，实现跨界营销，激发用户的购物热情。

品牌借助 NFT 的强大影响力，可以实现产品"破圈"。例如，2022 年 2 月 28 日，江小白和天猫开展了一场销售数字藏品的活动。江小白在自己原有 IP 的基础上推出了两款虚拟形象："蓝彪彪"和"红蹦蹦"。对应的两款数字藏品分别附赠 40 度和 52 度的江小白特别版白酒，每款限量 1000 份。江小白根据自身的特点，将蓝彪彪和红蹦蹦设定为"回蓝战士"与"热血战士"，配以科技感十足的画面，吸引了许多用户。该活动仅上线 3 分钟，数字藏品便销售一空，显示出了超高人气。

这场 NFT 数字藏品销售活动，创下了江小白销售转化率的历史新高，单日销售额、单日访问量也远超日常数据。NFT 数字藏品具有唯一性，能满足当前年轻用户追求独一无二的心理。对于许多年轻用户而言，在购买实体产品时获得 NFT 数字藏品，可以带来满足感。江小白采用实体产品与 NFT 数字藏品打包销售的营销方式，正是抓住了年轻用户的好奇心理，激发了他们的购买欲望。

品牌联动 NFT 项目的营销模式是对产品的再赋能。NFT 数字藏品有效拓宽了产品的价值维度，产品不再局限于现实世界中，也存在于数字世界中，不会轻易消失。未来，越来越多的品牌将会加入 NFT 数字藏品营销行列，在产品与数字世界之间搭建一座稳固的桥梁。

第8章

企业品牌迭代：
Web 3.0 提供品牌成长新路径

企业品牌迭代对于企业来讲是一件意义深远的事情，随着市场竞争的不断激烈，企业想要保持品牌的竞争力，就需要不断地进行迭代。Web 3.0 时代的到来，为品牌迭代提供了新路径，企业要抓住机会，持续发力，探索无限可能。

CHAPTER 8

8.1 Web 3.0 时代，打开品牌成长新空间

当前正处于时代交替的节点，Web 2.0 时代的流量红利逐渐减少，传统的增长模式不再适用于品牌发展，许多品牌为争夺仅存的流量而展开激烈的竞争。Web 3.0 时代的到来，打开了品牌增长新空间，许多品牌获得了发展。

8.1.1 以全新品牌理念，建立全新品牌共识

时代转换与用户消费需求的改变，使品牌迭代成为必然的趋势。品牌迭代并不是一件轻松的事情，反而是品牌成长中的一个重要课题。品牌迭代主要包括两方面：一方面是产品升级；另一方面是用户升级。

产品升级指的是品牌为了满足市场需求不断推出全新产品。但是，品牌很难左右用户的抉择，产品升级不代表品牌能获得更多用户，也有可能因为产品升级而损失用户。

用户升级需要改变用户之前对品牌形成的认知，建立新的认知，即建立新的品牌共识。品牌想要实现用户升级，必须思考升级的原因、升级将要达成的目标及升级方法。品牌升级是为了提升自身的价值，获得用户认可。一款产品之所以

能受到用户欢迎，是因为用户认可它的价值，达成了品牌共识。用户升级的目标是建立新的品牌共识，持续吸引用户。用户升级的方法是用新的品牌共识取代旧的品牌共识。

如何使品牌共识在新旧转换期顺利过渡是一门学问，许多品牌都交出了"答卷"。例如，余额宝是支付宝推出的余额增值服务。2020 年，余额宝联合天弘基金发布了《余额宝 90 后攒钱报告》，公布了 90 后用户的攒钱数据。该报告显示，大多数 90 后用户有攒钱的习惯，平均 4 天就会攒一笔钱，但平均每笔金额不高于 20 元。该报告表示，余额宝已经变成 90 后用户余额的存放地，升级成为攒钱工具。

余额宝发布《余额宝 90 后攒钱报告》就是一次很巧妙的品牌升级，也是重新建立品牌共识的契机。大部分品牌在建立新的品牌共识时往往会卖力宣传，但效果甚微，而余额宝的《余额宝 90 后攒钱报告》则是润物细无声，在无形中改变产品定位，影响用户，然后用数据表明自身已经成为攒钱工具，顺势转型，便于被用户接纳。

时代变化加快，品牌也要加速蜕变。品牌如果不想被淹没在时代发展的洪流中，就要不断迭代。在 Web 3.0 时代，品牌需要思考如何建立新的品牌共识，提升品牌价值，持续吸引年轻用户。

8.1.2　融合多种技术手段，实现品牌声量持续传播

国内著名营销策划专家叶茂中曾经分享过品牌崛起的 4 个秘诀，其中两个是持续强势的营销活动和数量可观的传播广告。可见，品牌需要对产品进行广泛传播来维持品牌声量。在 Web 3.0 时代，各种新兴技术蓬勃发展，如人工智能、区

块链、VR、AR、云计算等，品牌的传播方式也有了革新。

例如，为了增加品牌曝光度，肉类品牌双汇与唯一艺术合作发行了数字藏品——"双汇·宇宙醒狮乐队"。该数字藏品限量发售4款，通过不同渠道送出。双汇通过"天猫双汇食品官方旗舰店"满赠活动送出1000份，通过抽奖活动送出20份。最终，双汇在活动期间获得了超过800万的曝光量，以及超过100万的粉丝覆盖量。双汇发行数字藏品，能够以新奇的营销方式吸引、辐射更多用户，提升品牌声量。

单个消费场景已经无法吸引更多的用户，实现品牌广泛传播。因此，很多品牌选择在虚拟空间中打造多种消费场景，使用户获得身临其境般的沉浸式体验。例如，国誉燕园在百度"希壤"平台中举办了国内首个房产项目发布会。该发布会以"安家乐燕，质敬新升代"为主题，以新型营销方式精准面向北京程序员客群。

这种虚拟发布会的营销方式，使用户获得了沉浸式体验。同时，精准投放的广告也使得国誉燕园的房产项目在目标客群内广泛传播，获得了有效曝光。借助Web 3.0时代的新技术，品牌能够吸引更多用户。

在信息碎片化时代，用户接收的信息众多、来源繁杂，品牌很难通过常规传播手段提高自身影响力。因此，品牌可以改变传播方式，通过发布数字藏品、与虚拟平台合作打造虚拟空间等全新手段，突破传播认知边界，维持品牌声量。

8.2 传统品牌迭代路径：向着虚拟世界进发

在 Web 3.0 时代，技术的发展为现实世界与虚拟世界的结合提供了入口，许多品牌也纷纷将迭代路径的终点定为虚拟世界，向着虚拟世界进发。

8.2.1 虚拟产品+虚拟代言人，提升品牌虚拟化程度

随着虚拟空间的快速发展，虚拟代言人已经屡见不鲜，各具特色的形象层出不穷。如今，虚拟代言人可以站在品牌层面和用户"对话"，帮助用户解决问题，与用户产生情感连接。和虚拟代言人进行深度绑定已经成为虚拟品牌的未来发展趋势。

例如，2021 年中秋前夕，天猫推出了一款数字月饼。这款月饼以多面体和酸性金属物质为设计元素。多面体代表现实世界，流动性的酸性金属物质则象征虚拟世界，两种元素的交融表现了现实世界与虚拟世界的融合过程，如图 8-1 所示。这款月饼虽然不能吃，但受到了许多年轻人的欢迎，一天内有近 2 万人排队抽签。

图 8-1　数字月饼

而为消费者送出数字月饼的代言人不是真实的人，而是一位虚拟数字人。AYAYI 是天猫打造的首个虚拟数字人，她是用计算机技术合成的，于 2021 年 5 月横空出世，在 9 月正式入职阿里巴巴成为数字人员工，她是各大品牌青睐的"优质偶像"。此次 AYAYI 与天猫数字月饼的合作，体现了虚拟代言人与虚拟品牌深度绑定的巨大收益。

此外，AYAYI 还曾与虚拟潮牌 0086 进行过合作。在小红书的 2021 年春节活动中，0086 为虚拟人 AYAYI 提供了虚拟服饰并发布了盲盒数字藏品。AYAYI 身上的时尚气息与 0086 的潮牌属性十分契合，二者的合作引发了巨大的热度。

从 AYAYI 与虚拟产品联动，到其与虚拟品牌联动，展现了虚拟数字人与虚拟品牌融合的趋势。未来，随着虚拟数字人和虚拟品牌的发展，二者之间的关系将更加密切。虚拟数字人代言虚拟品牌将成为趋势。

虚拟代言人与虚拟品牌深度绑定具有诸多优点：第一，虚拟代言人和虚拟品牌推出的虚拟产品具有天然的适配性。虚拟代言人可以自由地在虚拟世界中展示各种虚拟产品，促进虚拟品牌传播。第二，虚拟代言人具有长期发展的潜力，能够长久赋能虚拟品牌，且不存在人设"翻车"的风险。第三，虚拟代言人可以持续在社交平台上与用户互动，保持用户黏性。第四，二者的结合可以将虚拟品牌的价值观附加于虚拟代言人身上，通过虚拟代言人传递给用户，提升虚拟品牌的辨识度。

当前，很多品牌都推出了自己的虚拟代言人。未来，随着虚拟品牌的发展，会有更多虚拟品牌推出自己的虚拟代言人，深化自身发展。

8.2.2 品牌延伸：在传统品牌之外，创立旗下虚拟品牌

在 Web 3.0 时代，为了拓展品牌的广度和深度，提升品牌价值，形成品牌独特的竞争力，很多企业采取品牌延伸的方法，除传统品牌外，还在旗下创立虚拟品牌，借助虚拟品牌深化品牌内涵，增加品牌附加值，实现利益最大化。

例如，天下秀是一家专注于红人领域的企业，旗下有红人营销交易平台 WEIQ。2021 年，天下秀创立了虚拟社交平台虹宇宙。虹宇宙是"区块链+虚拟形象体系+沉浸式互动+兴趣社交+品牌商业"的集合体，打通了虚拟世界与现实世界的通道，为用户提供了一个全新的空间。

虹宇宙为许多领域的品牌在虚拟空间中进行营销提供过助力。例如，与龙湖地产展开合作，打造了"熙上售楼处"；与内衣品牌爱慕展开合作，开设了"爱慕海岛"品牌展示空间；与拉菲红酒展开合作，发布了"提格尔葡萄园""拉菲钢琴"等限量数字藏品。

虚拟潮流时尚品牌 RPRSENTED 也曾与区块链平台虹宇宙展开跨界合作。RPRSENTED 一直渴望打造一个能够满足用户在虚拟空间中着装个性化需求的虚

拟潮流时尚品牌。而在虹宇宙的虚拟社区中，用户可以通过虚拟化身穿着 RPRSENTED 的时尚单品，尽情展现自己的潮流品位，围绕潮流话题与其他用户进行社交对话，不断拓展自己的社交圈层。

在 Web 3.0 时代，也有许多传统品牌选择在虚拟世界中发行同名虚拟产品。例如，2021 年 12 月，知名啤酒品牌百威推出了"Budverse Cans：Heritage Edition"（百威罐装：纪念版）系列 NFT 数字藏品。此次百威共发售了 1936 份 NFT 数字藏品，以此纪念百威诞生于 1936 年。该系列数字藏品在发售 1 小时内便售罄，显示出了超高的人气。百威通过单品牌延伸战略发布虚拟产品，获得了成功。

再如，法国服装品牌 Balmain 多次在虚拟世界中发布虚拟服装。2021 年 8 月，Balmain 推出"火焰连衣裙"NFT 系列服装，随后又陆续推出 3 个 NFT 数字藏品服装系列。2022 年 5 月，Balmain 宣布将与 MintNFT 长期合作，持续打造 Balmain 服饰 NFT 数字藏品系列，这显示了其实行单品牌延伸策略的决心。

Web 3.0 时代是一个全新的科技时代，对于品牌来说，也是一个快速发展的时代。企业在传统品牌之外，打造虚拟品牌，有利于吸引更多的用户，在虚拟世界拥有一批稳定用户，为虚拟产品的未来发展奠定良好基础。

8.2.3　收购虚拟潮牌，完善品牌布局

Web 3.0 时代势不可挡，许多品牌选择以收购其他品牌的方式进军 Web 3.0 领域。对于部分品牌来说，新建产品线过于烦琐，而收购一些有价值的新兴品牌则有助于弥补品牌短板，快速完善品牌布局。

许多传统品牌已经开启了品牌收购之路，早早布局 Web 3.0。例如，2021 年 12 月，Nike 宣布收购虚拟球鞋潮牌 RTFKT Studios，向虚拟空间迈进了一大步。

RTFKT Studios 创建于 2020 年 1 月，是一个专注于虚拟球鞋的潮牌。RTFKT Studios 建立后，先后与艺术家 Fewocious 合作推出了名为"FEWO Crypto Brick"的 NFT 作品、与著名游戏公司 ATARI 联名发售了 ATARI Sneaker 系列、与 Faze Banks 联名发售了 Meta Jacket 系列。RTFKT Studios 借助多次联名，一跃成为虚拟潮牌中的领先者。

Nike 在收购 RTFKT Studios 后，便与其共同推出了自己首款 NFT 运动鞋"RTFKT×Nike Dunk Genesis Crypto Kicks"，以 Nike Dunk Low 系列低帮运动鞋为原型进行创作，鞋身外观可以通过"皮肤瓶"来改变。该款联名运动鞋一经上架便十分火爆，部分虚拟运动鞋最高价曾超过 380 万元。

Web 3.0 的火热使得很多品牌都试图抢占先机，分一杯羹。品牌收购则是一个帮助品牌快速入局的办法。对于品牌来说，收购其他品牌能够快速完善品牌体系，以较低的风险、较快的速度进入新的领域，迅速发展，走向成功。

8.2.4　三星：以区块链项目布局 Web 3.0 生态

Web 3.0 作为互联网的未来发展方向，受到了许多品牌的青睐。品牌相继涌入 Web 3.0 领域，提前布局 Web 3.0 商业生态。电子巨头三星也以区块链项目布局 Web 3.0 生态，成为重要玩家之一。

2022 年初，电子巨头三星宣布和虚拟空间平台 Decentraland 达成合作，将在该平台上开设名为"三星 837X"的虚拟商店，通过"数字剧场""数字森林""定制音乐庆典"等项目为用户提供虚拟体验。

其中，"数字剧场"会滚动播放 CES 2022（2022 年国际消费类电子产品展览会）期间三星的相关消息；"数字森林"打造了一片由数百万棵虚拟树木组成的虚

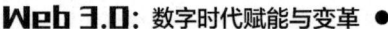

拟森林，供用户浏览、体验；"定制音乐庆典"指的是用户可以参加三星举办的 MR 舞蹈派对，除获得新奇的娱乐体验外，用户还有机会获得 NFT 徽章和限量版可穿戴设备。

随着 NFT 的火热发展，很多品牌都尝试推出 NFT 数字藏品，但三星推出的数字藏品略有不同。2022 年，三星与 NFT 交易平台 Nifty Gateway 达成合作，推出智能电视 NFT 平台。此次合作将 Nifty Gateway 引入三星智能电视体系中，这不仅使 NFT 的展示更加清晰、美观，还支持 NFT 在市场自由交易，使交易变得更加便捷。

三星在 Web 3.0 领域投入了大笔资金，以区块链项目布局 Web3 生态，获得了快速发展。虽然在 Web 3.0 时代进行品牌迭代会遇到一些挑战，但 Web 3.0 是品牌破局的关键，因此企业应抓住机遇，直面挑战，积极进行品牌迭代，开拓更广阔的发展空间。

8.3 新兴虚拟品牌爆发，成为市场潮流

虚拟空间的快速发展为新兴虚拟品牌带来了商机。目前，新兴品牌正处于蓬勃发展的阶段，存在广阔的发展空间，但虚拟品牌在发展的同时也要思考未来的方向，抓住红利期，增强自身实力。

8.3.1 The Fabricant：虚拟世界的"时尚衣橱"

The Fabricant 于 2016 年创立，是一个专注于数字时尚的品牌。其创始人 Kerry Murphy 曾在采访中表示，其致力于探索时尚的可能性。The Fabricant 是全球第一个数字服装品牌，可以说，Kerry Murphy 从根本上开创了一个行业。The Fabricant 在不断发展中获得了许多成就，也为数字时尚行业的发展带来了更多可能性。

2019 年，The Fabricant 推出了一款采用区块链技术制作的高级定制服装"Iridescence"（彩虹连衣裙）。该服装由艺术家 Johanna Jaskowska 与 The Fabricant 联合推出，最终卖出了 9500 美元的高价。

随后，The Fabricant 与 NFT 开发商 Dapper Labs 展开合作，将其数字高定服

装铸造为NFT。数字高定服装具备数字资产的价值，也具有高度可扩展性，可以由设计师继续设计、改造。The Fabricant还与知名游戏企业Epic Games建立了合作伙伴关系，设计师可以通过该平台对数字高定服装进行渲染。

在数字高定服装设计方面，The Fabricant先后与多个品牌展开合作，如时尚运动品牌PUMA、美国高端运动品牌Under Armour、知名建筑设计网站Dezeen等，为它们提供独特的数字高定服装。The Fabricant用数字服装取代实物服装，减少了碳排放，也为时尚行业的创新发展贡献了力量。

The Fabricant的野心并不止步于数字高定服装。2022年，The Fabricant获得了1400万美元A轮融资，该笔融资将被用于其NFT平台The Fabricant Studio打造"虚拟空间衣橱"的计划。这一举动也意味着The Fabricant的商业模式发生了改变，由数字高定服装设计品牌转变为去中心化平台。

The Fabricant Studio是一个所有用户都可以创造、交易和穿戴数字服装的NFT平台，用户已经在该平台上创作了上千款数字时尚产品。The Fabricant希望每位用户都可以成为数字时尚服装的设计师，参与数字时尚经济的发展。The Fabricant一般通过DressX等数字零售平台销售服装，但在The Fabricant Studio建立后，其打通了向外销售数字服装的渠道。这也是The Fabricant打造"虚拟空间衣橱"的重要策略，即将品牌服务项目由服装设计拓展到销售层面，为用户提供更多服务，以此获得更多用户的支持。

构建数字时尚的去中心化平台是时尚行业的未来发展趋势之一。The Fabricant通过引入数字商业模式来推动数字时尚的发展，并为用户提供更好的数字时尚体验。从数字高定服装设计品牌到去中心化平台，The Fabricant试图构建创作者收益体系，使数字服装变得更加大众化。

8.3.2　RTFKT Studios：以虚拟球鞋走红，搭上发展顺风车

RTFKT Studios 是一个于 2020 年 1 月创立的虚拟潮牌，其主营业务有皮肤设计、AR、区块链、数字时尚等。其创始人一直有为游戏公司和时尚品牌提供设计方案的想法，因近几年用户的数字化意识迅速提升，所以其创始人决定提前实施这个想法。

RTFKT Studios 的创始人将目标聚焦于虚拟球鞋，将自己的创意与时下热点相结合，获得了追求时尚潮流的年轻人的青睐。RTFKT Studios 在创立 1 年后就获得千万美元融资，显示出强大的发展潜力。

2021 年 3 月，加密艺术家 Fewocious 与虚拟潮牌 RTFKT Studios 联名推出了 3 款 NFT 运动鞋，其价格十分高昂，售价分别为 3000 美元、5000 美元和 1 万美元。但高昂的价格没有削减用户的购买热情，这 3 款运动鞋在上架 7 分钟后就被抢购一空，销售额突破 310 万美元。

而让 RTFKT Studios 走红的是特斯拉创始人马斯克穿着虚拟运动鞋出席活动的照片。照片一经流出，便迅速引发热议。2020 年 10 月，这双运动鞋以将近 9 万美元的价格被人拍走。

在意识到市场对虚拟运动鞋的高接受度后，RTFKT Studios 与游戏公司 ATARI 合作推出了 NFT Metaverse 系列，除运动鞋外，还包括虚拟服饰，同样被抢购一空。

消费市场的支持使得 RTFKT Studios 更为超前和大胆，即先打造虚拟产品，再打造实体产品。2022 年 6 月，RTFKT Studios 通过 Space Drip 项目宣布，拥有

RTFKT Studios 虚拟球鞋的用户可以领取一双实体 Air Force 1 球鞋，用户可以在 2022 年 12 月 6 日之前兑换。RTFKT Studios 先用先锋的设计和前卫的概念打动用户，再探索实体产品与虚拟产品的结合，从而让用户获得更加个性化的体验。

RTFKT Studios 成立仅 1 年就获得巨大成功，足以证明 NFT 是一个天然流量池，有希望为接近饱和的时尚行业拓展全新的发展空间。在数字化的大背景下，时尚产品的价值载体已经逐渐从以往的设计和质量，转向更加新奇、独特的体验。

RTFKT Studios 这一虚拟潮牌的火爆敲开了虚拟潮牌市场的大门，只要把握用户的喜好，虚拟时尚这门生意在虚拟空间中生根发芽只是时间问题。

8.3.3　Meta Street Market：以虚拟球鞋进军市场

随着虚拟潮牌火热发展，用户对时尚的认知也逐渐改变。数字时尚领域具有广阔的发展前景，许多数字时尚品牌成立后热度不断攀升，给时尚领域带来了不小的冲击。虚拟时尚研发企业世悦星承看到了我国虚拟数字原创品牌的空缺，创立了我国首个潮流数字运动品牌 Meta Street Market，以"黑马"之姿从众多虚拟潮牌中脱颖而出。

Meta Street Market 于 2021 年 12 月发布了第一代虚拟数字球鞋系列——XNOR-100。该系列数字球鞋以电路、石墨烯、芯片等元素为创作灵感，在海外交易平台上发售。随后，Meta Street Market 又发布了新春虎年限定数字藏品，在数字时尚运动品牌中迅速走红。

2022 年 3 月，Meta Street Market 发布了 XNOR-Blossom "花"生万物高定虚拟球鞋系列。该系列虚拟球鞋以花朵为装饰，搭配极具未来感的鞋型，充满科技感。发售时抽签人数超过 15 万，原价为 599 元，在拍卖中上涨到几千元至上万元不等。

在该系列虚拟球鞋售罄后，Meta Street Market 又推出了虚拟鞋盒回馈购买产品的用户。该虚拟鞋盒内容纳了一个虚拟空间，拥有虚拟鞋盒的用户可以获得一个虚拟住宅或商店。在此基础上，用户可以发挥自己的奇思妙想，创建独特的虚拟住宅。例如，虚拟球鞋与住宅结合，可以得到一个以花朵为主题的虚拟住宅；两个虚拟鞋盒组合在一起，可以获得一个更大的虚拟住宅等。用户不仅是虚拟产品的持有者，还是虚拟产品的创造者。

作为虚拟国潮品牌，Meta Street Market 不断创新，结合社会热点及时尚潮流打造虚拟产品。2022 年 4 月 22 日，在第七个"中国航天日"到来之际，Meta Street Market 推出了全新一代 Passanger-3996 "旅客号"航天飞行虚拟球鞋系列，致敬中国航天精神。

该系列球鞋的外形设计与 XNOR 系列完全不同，将数字时尚与航天工业科技融合，实现了形态上的革新。该系列共有 12 款配色，总计 3996 个，其中还有 124 个隐藏款，单价为 888 元。

2022 年 11 月，Meta Street Market 与三星携手参加上海潮流艺术博览会（以下简称"潮博会"）。在潮博会上，Meta Street Market 为到场的用户准备了惊喜礼品，即前 100 名到场打卡的用户可以获得 Qawalli: 2022 潮博会专属数字头像。该头像是 Meta Street Market 运用 AI 技术重塑而成的，十分具有纪念意义和收藏价值。

在潮博会上，Meta Street Market 与三星展开了主题为"数字艺术新世界"的合作。Meta Street Market 的数字版画通过三星 The Frame 画壁电视进行展示。三星自带的黑科技像素能够清晰展现数字版画的每个细节，为用户带来超高清体验，实现用户沉浸式参观。二者的合作，是前沿科技与艺术美学的交汇，用独特的外

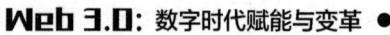

观设计与强劲的产品实力为用户搭建了探索虚实结合艺术空间的通道。

虚拟潮牌的消费用户是在数字时代成长的一代，他们渴望以一种更有趣、新奇的方式来表达自己的身份与个性。Meta Street Market 迎合了消费群体的需求，成为深受用户喜爱的虚拟潮牌。未来，越来越多的虚拟国潮品牌将崛起，共享庞大的虚拟消费市场。

第 9 章

企业 IP 重塑：Web 3.0 重塑企业 IP 活力

企业发展到一定规模，就需要借助 IP 实现更广泛的传播，吸引更多的用户。Web 3.0 能够赋能企业打造 IP，很多企业借助 VR、大数据等技术，对企业 IP 进行重塑，为企业发展注入活力。

CHAPTER 9

9.1 企业 IP 建设的三大维度

企业进行 IP 建设有利于与用户建立密切联系、产生情感连接，提高用户对企业文化的感知度，实现价值转化。很多企业已经着手打造自己的 IP，在打造 IP 时，企业可以从 3 个维度入手：产品 IP、企业 IP、创始人 IP。

9.1.1 产品 IP：以爆款产品树立 IP

优秀的产品 IP 是企业吸引用户的关键，也是企业的立足之本。企业以爆款产品的方式打造产品 IP，既能够使用户对产品产生情感依恋，也能够不断地推陈出新，给予用户新鲜感。

例如，百事可乐在碳酸饮料市场保持长盛不衰，与其以爆款产品打造产品 IP 的战略息息相关。在国潮崛起的大趋势下，百事可乐从古代诗词中提到的数百种植物中挑选了桂、桃、竹 3 种具有丰富内涵的植物，根据用户的口味偏好，推出了桂花味、白桃乌龙味、白柚青竹味 3 款口感丰富的百事"太汽"系列可乐。同时，百事"太汽"系列可乐在视觉设计上也让人眼前一亮。具有东方韵味的植物点缀在百事可乐的经典蓝罐上，既精致又柔美，让传统与潮流在包装上实现融合，形成别样的国风设计风格。

百事"太汽"系列可乐对国风文化的探索并不止于此。在中国传统文化中，竹子是"花中四君子"之一，具有柔韧、坚毅的品质。百事可乐与竹子元素融合，表现出了国风文化的厚重感，复古与现代的碰撞，吸引了年轻用户的注意。

为了提升百事"太汽"系列可乐的知名度，百事可乐还与非遗带头人卢英华老师进行了跨界合作。百事可乐将时尚前沿的水桶包以竹编的形式呈现：具有年轻活力的百事蓝与古朴的竹条交错编织，形成了一个个竹编单品。同时，百事可乐与新华社客户端共同拍摄了纪录片《竹艺新生》，记录了竹编单品的诞生过程，用户跟随节目组的脚步就能够了解一件精美的竹子编织品背后的精细工艺。

为了让百事"太汽"系列可乐在更多层面触达年轻消费群体，百事可乐在聚集大量年轻用户的抖音、微博等平台上开展了营销活动。在抖音平台上，百事可乐上线了气质桂花妆滤镜，发起了国风仿妆挑战赛，并为此准备了丰厚的奖品，以吸引年轻消费者的注意力，并最终实现营销转化。在微博平台上，百事可乐联动多位娱乐"大V"，一起为百事"太汽"系列桂花味可乐宣传，进一步扩大产品的影响力，触达更多潜在消费者。

百事可乐的营销活动无疑是成功的，百事"太汽"系列可乐上线后在短短时间内便打开了市场，获得了不俗的销量。百事可乐通过推出百事"太汽"系列产品，吸引了更多用户的关注，强化了企业在用户心中的形象。

以爆款产品打造产品 IP 可以为用户提供更多选择，强化用户对于产品的印象，更有利于塑造立体的产品 IP。

9.1.2　企业 IP：多重宣传，强化势能

在竞争激烈的市场环境下，每个企业都应积极寻找能强化其 IP 势能的途径。

企业 IP 能够带动整个企业的发展，因此，企业应该立足整体，利用多种途径进行宣传，强化 IP 势能。

例如，康师傅就十分重视打造企业 IP，无论推出什么产品，都以康师傅作为名称，强化康师傅的企业 IP，扩大影响力。2022 年 4 月，康师傅联合知名动漫 IP "罗小黑"推出康师傅黑糖奶茶。康师傅在茶饮市场中一向走在前列，康师傅绿茶和冰红茶都深受用户喜爱，康师傅推出黑糖奶茶是想抢占奶茶市场份额，促进企业发展。

康师傅黑糖奶茶选用优质原料，历经多道工序加工，保留了许多微量元素。同时，又融入了高品质牛奶，口感丝滑。黑糖奶茶本身质量过硬，而康师傅与罗小黑联名，则实现了强强联合，有助于其成为爆款奶茶。康师傅黑糖奶茶还推出了与罗小黑的联名礼盒，在抖音平台首发，异常火爆，吸引了很多企业忠实用户参与，为用户提供了互动机会。

康师傅还会定期举办康师傅 IP 形象设计大赛。大赛不仅为高校艺术专业的学生们提供了创意展示平台，还通过年轻学生的作品实现了企业 IP 焕新。参加比赛的学生们结合康师傅的企业文化、经营理念，用多种艺术手法，将自己对企业 IP 的理解融入一件件艺术作品中。通过比赛，康师傅不仅使企业文化在年轻用户中得到传递，还建立了更加活泼、年轻的 IP 形象，强化了其在年轻用户心中的地位。

为了强化企业 IP 势能，企业需要保持自身的活跃度，参加多种活动，始终出现在用户的视线范围内，与用户保持良好互动。

9.1.3 创始人 IP：创始人站到台前，为企业代言

近几年，越来越多的企业创始人主动走向台前，与用户进行交流。许多

企业都在打造创始人 IP，使创始人成为企业代言人，以创始人的人格魅力俘获用户。

例如，小米就是打造创始人 IP 的典型案例。小米是国产主流手机企业之一，以高性价比为特点，拥有广泛的用户群体。小米的发展离不开其创始人雷军的努力，雷军是互联网行业的"大咖"，拥有众多的个人粉丝。

2020 年 8 月，雷军举办了一次"小米十周年"演讲活动，吸引了万千"米粉"的围观。雷军在演讲中回顾了小米的发展历史、取得的成就，并对未来发展做出了展望，引得"米粉"感慨万分。为什么雷军的演讲能够吸引众多"米粉"的目光？"米粉"的狂热不仅是对小米企业的崇拜，还是对雷军个人的崇拜。

在最开始推出小米手机时，雷军主张"为发烧而生"，将小米第一代手机的价格定为 1999 元，主打产品的高性价比。直到现在，高性价比依旧是小米产品的特点。雷军曾表示，小米在硬件方面的利润不会超过 5%，力求以更实惠的价格让更多的人体验到小米的产品。

雷军的这种坚持获得了广大"米粉"的认可，其也通过宣传自己的经营理念和创业故事、召开小米手机发布会、在微博上与粉丝互动等方式吸引了广泛关注，成功地打造了自己的个人形象。

在营销方面，为了推广小米 MAX，雷军亲自开启了直播，吸引了数千万粉丝围观。在直播中，他不仅向消费者展示了小米 MAX 的功能与性能优势，还讲解了许多关于伪基站的知识，获得了不少关注。直播过后，小米 MAX 的销量有了惊人的上涨，实现了销售额新突破。

其实，小米 MAX 除放大了手机屏幕外，在技术上并无太大突破，没有太多的销售亮点。但由于雷军具有很强的影响力和号召力，形成了创始人 IP，能引导更多的粉丝购买产品,因此推动了小米 MAX 销量的增长。

  一个优秀的企业,不仅要有优秀的产品,还要有人文情怀。雷军将"与用户交朋友"的理念传递给用户,打造了亲和的创始人形象,获得了用户的支持与喜爱,而这种喜爱能为小米的发展持续助力。

9.2 Web 3.0 时代，企业 IP 建设出现新路径

当前，数字化浪潮汹涌来袭，新技术的发展对各行各业的赋能作用也日趋明显。在 Web 3.0 时代，企业 IP 建设在新技术的支持下出现新路径。

9.2.1 产品 IP：以数字藏品加深产品认知

数字藏品的横空出世，使得企业与用户之间的互动更加多元化，数字藏品也逐渐成为企业"破圈"的媒介。企业以旗下经典产品 IP 发布数字藏品，能够提升企业在用户心中的形象，增强产品 IP 的影响力。

例如，王老吉作为凉茶品类的领军者之一，与数字藏品平台"鲸探"联合推出了数字藏品"L.I.荔"系列。该系列共有两款数字藏品，分别是以"桂味"荔枝为灵感的"佳人品桂"和以"妃子笑"荔枝为灵感的"妃子啖荔"。两款数字藏品的售价均为 8 元，总共 1 万份。

"佳人品桂"的原型"桂味"荔枝因有淡淡的桂花味而得名，其外表小巧玲珑，口味清甜。"佳人品桂"以桂花漫天飘落为背景，IP 形象跳跃在桂花中，尽显可爱俏皮，虚拟世界也仿佛充满了桂花的香甜气息。

"妃子啖荔"的灵感则来自"一骑红尘妃子笑，无人知是荔枝来"。唐朝杨贵妃十分喜爱荔枝，"妃子笑"便因此扬名。王老吉将美丽的贵妃与新鲜甘甜的荔枝结合在一起，描绘了美人一边品尝荔枝、一边与鸟雀玩闹的场景，表达了一年四季都可啖荔枝的美好愿景。

用户打开鲸探 App 或小程序，便可查看数字藏品的相关信息。用户不仅可以收藏数字藏品，还可以在购买数字藏品后额外付费获得实体果汁饮料。数字藏品的罐身绘有专属于用户的编码，赋予数字藏品独一无二的收藏价值。

王老吉与鲸探的合作，实现了凉茶与数字藏品的梦幻联动。这次合作不仅吸引了喜爱王老吉企业产品的用户，还吸引了数字藏品爱好者，增强了王老吉企业 IP 的影响力。

在数字藏品如此火热的当下，许多出品方也带着自己的影视 IP 进军数字藏品界。例如，华策影视在数字藏品平台上线了影视剧《与君初相识》《恰似故人归》的主题数字藏品。不同于之前发布的《长歌行》数字藏品，此次推出的是可穿戴数字藏品。购买此次数字藏品的用户可以打造专属虚拟数字人，对虚拟数字人进行形象定制。虚拟数字人可以穿戴这些藏品并展示效果。这种方式提升了用户在虚拟空间中的体验，实现了与电视剧角色的联动，互动性、趣味性更强。

作为率先布局虚拟空间的影视企业之一，华策影视积极探索数字藏品领域，利用数字藏品为自身企业 IP 赋能。数字藏品是华策影视虚拟市场布局战略中最先落地的板块，《反贪风暴5》上映时，华策影视就将该影片的数字藏品盲盒作为电影的营销内容。华策影视围绕电视剧《长歌行》《凭栏一片风云起》等，总计发布8轮数字藏品。这些数字藏品上线后迅速售罄，为华策影视企业 IP 的强化提供了助力。

华策影视拥有一些影视剧的原始版权，具有推出数字藏品的天然优势。国内的数字藏品领域更关注数字藏品的实际价值，与现实 IP 的深度关联，既可以为数字藏品赋予底线价值，也可以利用双方的热度扩大影响力。华策影视作为内容 IP 生产企业，将会持续将数字藏品与影视 IP 结合，为自身的发展创造更多的可能性。

目前，数字藏品仍处于蓬勃发展的阶段。企业借助旗下经典产品 IP 发布数字藏品，可以在 Web 3.0 时代探索出一条可持续盈利的道路，企业的影响力也将进一步扩大。

9.2.2　企业 IP：打造虚拟总部，拓展企业符号

企业在塑造自身 IP 的同时，也要打造专属企业符号，避免同质化问题。好的企业符号可以降低企业传播成本，实现快速传播。如何结合企业自身需求打造定制化的企业符号，也是企业需要思考的问题之一。

企业应如何在虚拟世界中打造企业符号呢？国盛证券在这方面进行了初步探索。2021 年 7 月，国盛证券在 Decentraland 中建设的虚拟总部上线。这是我国券商对虚拟世界的一次积极探索。

国盛证券研究院虚拟总部分为一楼和二楼。一楼是国盛证券研究院的成果展示区，用户点击某个成果可以跳转至公众号的文章。一楼中间的背景墙上是国盛证券研究院的简介，包括相关的采访报道和活动照片等。大厅中央是国盛证券研究院的吉祥物，其可以和用户进行简单的互动，并对虚拟建筑进行介绍。

国盛证券研究院虚拟总部的二楼是会议大厅，国盛证券将这里作为路演或与用户交流的场所。扎根于 Decentraland 的国盛证券研究院虚拟总部成为国盛证券在虚拟世界的企业符号。国盛证券研究院虚拟总部上线当天，吸引了许多虚拟空间爱好者前来参观。

企业符号是一个企业的对外形象代表，也是一个企业的灵魂所在。在竞争十分激烈的虚拟空间市场中，企业符号可以体现企业的价值内涵与文化底蕴，加快企业 IP 传播，提升企业 IP 影响力。

9.2.3 创始人 IP：打造创始人的虚拟形象

在 Web 3.0 时代，虚拟数字人成为流行趋势。许多企业纷纷入局虚拟数字人领域，另辟蹊径，打造创始人的虚拟形象，拉近企业与用户的距离。打造创始人的虚拟形象以强化创始人 IP 主要有以下好处，如图 9-1 所示。

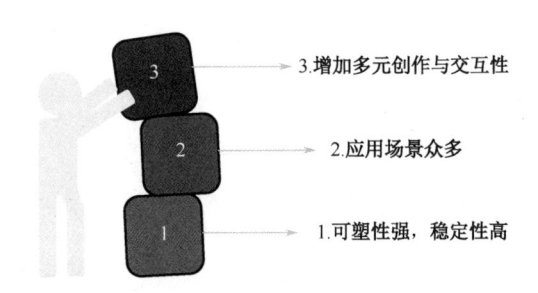

图 9-1　打造创始人的虚拟形象以强化创始人 IP 的好处

1. 可塑性强，稳定性高

随着数字技术的发展，虚拟数字人能够从语音、动作、神态等方面展现创始人的形象，吸引用户的注意力。同时，企业在打造创始人的虚拟形象时能够按照用户的喜好适时调整，增强用户亲和力，更能够博得用户的喜爱。例如，2022 年北京冬季奥运会吉祥物"冰墩墩"圆滚滚的熊猫形象与冰晶外壳相结合，十分呆萌可爱，获得了来自全世界的喜爱。

2. 应用场景众多

与真人相比,创始人的虚拟形象具有更高的灵活性,能够匹配更多的应用场景,如代言、直播、短视频、线上客服等。虚拟形象能够贯穿所有企业宣传环节,具有独特性。

3. 增加多元创作与交互性

企业打造创始人的虚拟形象,更有利于进行企业宣传创作。同时,能够增强与用户的交互,使沟通更加扁平化,有利于用户主动参与企业的价值传播。

例如,2021 年 10 月,声网 Agora 在北京举办了 RTE 2021 实施互联网大会。在会议上,声网 Agora 的创始人赵斌以全息虚拟形象亮相,围绕实时互动行业的变迁及未来的发展趋势与用户进行了深度分享和探讨,从场景、技术、产品等多个维度展现了互联网的丰富多彩。

此次互联网大会圆满结束,创始人赵斌的全息虚拟形象更是博得一片好评,他表示以虚拟形象出现,是为了让用户感受到实时互动是如何打破虚实边界的,帮助用户获得沉浸式体验。创始人赵斌利用虚拟形象互动,有利于加深用户对于企业的印象,获得用户好感。

企业打造创始人的虚拟形象,是迎合数字科技发展的行为,有利于在千篇一律的 IP 建设中制造亮点,强化企业在用户心中的形象,增加企业传播路径。

9.2.4 网龙公司:虚拟数字人成为 CEO

2022 年,网龙公司通过官网宣布,将由虚拟数字人高管唐钰担任其旗下子公

司福建网龙计算机网络信息技术有限公司的轮值 CEO。此次公告一经发出，便在网上引起轩然大波，用户纷纷对任命虚拟数字人作为轮值 CEO 这一决策表示好奇。但这并不是网龙公司的一次草率决策。

网龙公司成立于 1999 年，跻身于福布斯全球企业 2000 强，建立了我国知名网络游戏网站 17173.com。网龙公司不仅开发了《魔域》《征服》等游戏，还打造了智能手机服务平台，是一家正在高速发展的企业。此次宣布虚拟数字人唐钰出任 CEO，是网龙公司全面推行"AI+管理"战略及构建虚拟空间组织形态的重要里程碑。在网龙公司的规划中，虚拟数字人唐钰能够帮助公司简化工作流程，提高工作完成质量和执行效率，并且作为实时大数据中心和分析系统，其将支持公司日常运营中的合理决策，进行风险管控。

虽然虚拟数字人担任 CEO 这件事令人惊讶，但在网龙公司中，唐钰并非首次参加工作，而是一位有将近 5 年工龄的员工。网龙公司的官方资料显示，唐钰是网龙公司自主研发的仿真型 AI 机器人，于 2017 年 9 月入职网龙公司，曾经在网龙公司担任副总，深度参与公司管理。2020 年 4 月，唐钰参与网龙公司在清华大学的校招；2020 年 10 月，唐钰以教育机器人的身份参与数字中国建设峰会；2020 年 11 月，唐钰以尚宫礼乐使者的身份参与第八届中华礼乐大会，可谓经历丰富。

网龙公司也并非只有唐钰一位 AI 高管，还有 AI 助理唐小晴和 AI 项目管理唐胜，他们共同组成了一个 AI 员工团队。AI 员工团队的工作十分高效，既可以负责各类单据的审批、项目的跟踪与管理，又可以负责员工绩效的考评与奖惩、新员工的制度和文化培训等。在整个 AI 员工团队工作期间，共审批表单超过 30 万人次，发出事务提醒、预警将近 50 万人次，可谓兢兢业业。

网龙公司利用虚拟数字人担任 CEO 也是其向虚拟空间转型的必要之举。近年来，国内游戏市场竞争激烈，如何吸引用户成为企业面临的主要问题。因此，网龙公司将目光投向火热的虚拟空间，希望打开新的市场，寻找增量。

根据网龙公司 2021 年的财报，其将基于公司的知名海外 IP 尼奥宠物策划首款区块链游戏，并将于 2022 年下半年发布封闭内测版本。唐钰的任命也意味着网龙公司正在进行数字化转型，显示了其布局虚拟空间领域的决心。

网龙公司利用虚拟数字人作为 CEO，既表现了自身进行数字化探索的努力，又有利于打造科技化的公司形象，吸引各方的眼光，可谓一举两得。

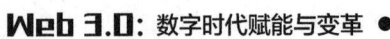

CHAPTER 9

9.3 IP 重塑凸显商业价值

Web 3.0 时代的到来，为企业的发展增加了许多路径。企业纷纷进行 IP 重塑，希望使自身焕发新活力。企业 IP 重塑能够使企业在获得流量的同时，创造更多的消费场景，提升用户对企业的关注度和认知度。如今，已经有许多企业开始进行 IP 重塑并获得了成功，商业价值逐步凸显。

9.3.1 数字文创赛道兴起，多企业布局国潮 IP

全球逐步迈入数字化时代，数字科技的发展给文化领域带来了全新的发展模式。随着年轻用户对于本土文化的认同感逐渐增强，数字文创逐渐成为热门，多家企业开始布局国潮 IP，吸引年轻用户的目光。

例如，敦煌研究院积极探索数字文创，致力于打造国潮 IP，将传统文化与多种产品融合，推动中国传统文化的发展，如图 9-2 所示。

1．数字藏品推动国潮 IP 发展

数字藏品是技术发展的新产物，也是数字技术与数字艺术融合的途径之一。

在数字化发展趋势下，敦煌研究院先后打造了许多不同主题的敦煌数字藏品，在迎合年轻人需求的基础上，推动了敦煌文化的传播。

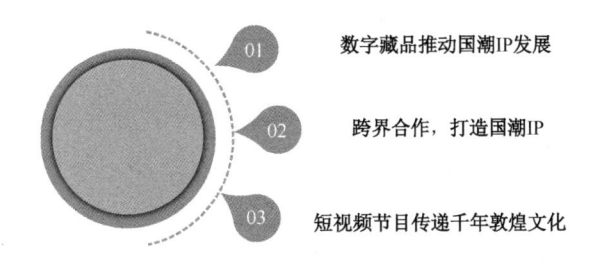

图 9-2　敦煌研究院探索数字文创的方式

- 01 数字藏品推动国潮 IP 发展
- 02 跨界合作，打造国潮 IP
- 03 短视频节目传递千年敦煌文化

例如，2022 年 6 月，敦煌画院与 H 艺术空间联合推出了"敦煌众神，今在宇宙"敦煌宇宙系列、"仙乐飞天，穿越而来"敦煌仙乐系列数字藏品，将千年敦煌文化与数字科技融合，打造了一场国潮文化盛宴，勾起了年轻用户对传统文化的好奇心。

"敦煌众神，今在宇宙"敦煌宇宙系列包含 5 套数字藏品：《掌中的九色鹿》《镜中的美人菩萨》《菩萨亦时尚》《当龙王成为宇航员》《供养人来了》。敦煌画院的年轻艺术家在原壁画的基础上进行创新，将现代与传统融合，绘制出敦煌众神在宇宙中的模样，他们或头戴宇航员的帽子，或头戴金光闪闪的珍贵珠宝等，显示出经典与潮流的碰撞。

"仙乐飞天，穿越而来"敦煌仙乐系列包含 6 套数字藏品：《琵琶飞天　灵动之音》《箜篌飞天　稀世之音》《弹钹飞天　铿锵之音》《腰鼓飞天　霹雳之音》《吹笛飞天　涤荡之音》《吹笙飞天　热情之音》。该系列数字藏品的灵感来源于敦煌壁画中的飞天伎乐，将琵琶、箜篌等具有传统民族特色的乐器与飞天伎乐结合，表现出一片祥和之景。

飞天伎乐、菩萨、供养人等传统敦煌人物，在敦煌画院年轻艺术家的笔下，

重新焕发了生机。在保留敦煌经典元素的同时，年轻艺术家将他们刻画得更加年轻、活泼、生活化与新潮，在年轻用户中深受欢迎。此次创作是对敦煌形象的重新挖掘，推动了国潮 IP 的发展；也是对敦煌文化的保护，以数字藏品的形式将敦煌文化在数字世界中重现。

2. 跨界合作，打造国潮 IP

"国潮 IP+产品"的跨界融合能够衍生许多新奇的产品，使得国潮 IP 跨圈传播，拓展了文化艺术数字产业的新阵地。敦煌国潮 IP 也尝试与许多年轻企业合作，借助企业影响力，促进国潮 IP 发展。

例如，敦煌画院以发扬敦煌文化为使命，打造了"不可思议的敦煌"国潮 IP，与众多企业展开合作。"不可思议的敦煌"与新中式糕点企业"泸溪河"合作，推出了联名糕点咖啡椰丝软桃酥、蜂蜜柚子软桃酥等，将年轻用户轻松的生活态度与敦煌经典形象相结合，深受年轻用户的喜爱；与厨具企业"老板"联合推出"大唐来了"系列蒸烤一体机，将传统美学与现代厨具相融合，为用户带来消费新体验；与"三联中读"联合推出以九色鹿为主题的会员年卡和文创礼盒，做有温度的敦煌文创；与"感映艺术"合作，推出"敦煌神兽奇妙日"展会，使更多用户可以观赏到敦煌神兽。

敦煌文化是中国传统文化的精华，敦煌国潮 IP 则是用现代手段将敦煌文化转换成年轻用户喜爱的形态，重新走入年轻用户的心里。

"不可思议的敦煌"国潮 IP 以传播敦煌经典文化为根本使命，和食品、厨电、图书等多个领域的企业展开合作，向年轻用户传播敦煌文化，构建敦煌文化产业图谱，实现商业价值与文化输出的共赢。

3．短视频节目传递千年敦煌文化

如今，短视频风头正劲，为了推广敦煌文化，巨量引擎、今日头条和上乘优品共同出品了《敦煌藏画》节目。《敦煌藏画》节目以敦煌文化为切入点，以嘉宾作为引导者，拜访敦煌文化的守护者。在拜访的过程中，年轻观众将会随着嘉宾的脚步逐渐了解敦煌壁画、文物修复等方面的知识。

近几年，传统文化类节目频出，无论是《我在故宫修文物》还是《国家宝藏》，都获得了极高的话题讨论度和关注度。而《敦煌藏画》节目能够将敦煌文化以数字化的形式进行保存与推广，使更多人了解敦煌文化的魅力。

节目出品方选择敦煌文化进行推广，是因为敦煌本身具有丰富的故事。从高僧乐尊开凿第一个洞窟，到武则天时期窟室众多，再到元代走向没落，敦煌石窟曲折的命运中蕴含了诸多故事元素。以敦煌文化为背景打造多样化的艺术藏品，能够满足人们的猎奇心理及对传统文化的探索欲。

《敦煌藏画》节目是巨量引擎"焕醒敦煌计划"中重要的一环。观众可以跟随节目组的脚步，拜访守护敦煌文化的匠人，了解敦煌壁画的保护、修复知识。节目组将敦煌壁画的修复过程完整地展示给观众，可以使观众感受到敦煌文化背后的历史传承。

未来，巨量引擎将会继续推进"焕醒敦煌计划"，借助直播、Vlog、企业合作等方式对敦煌 IP 进行营销，向年轻观众传播神秘、厚重的敦煌文化。

企业 IP 重塑已经覆盖了多个领域。在城市形象塑造方面，眉山打造了虚拟国潮形象"苏小妹"。苏小妹是一个在虚拟空间中诞生的虚拟人物，曾登上北京电视台春节晚会。传闻中，苏小妹是苏东坡的妹妹，在民间具有较高的知名度。因此，苏小妹被特聘为眉山的数字代言人和"宋文化推荐官"。

眉山是一座具有悠久历史的古城，是苏洵、苏轼、苏辙三人的故乡。两宋期间，眉山曾有886人考取进士，因此也被称为"进士之乡""千载诗书城"，可见其底蕴深厚。眉山的名胜古迹众多，有三苏祠、黑龙滩、彭祖山、江口崖墓等。

虚拟形象"苏小妹"是带领用户了解眉山的绝佳载体。其将以文化寻根之旅的方式向用户展现眉山的风土人情，发布游览眉山的系列短片。在短片中，苏小妹将会带领用户参观三苏祠，体会园林艺术；体验当地非遗技艺，感受传统文化的魅力；品尝当地传统美食，如雅妹子风酱肉、仁寿黑龙滩全鱼席等。苏小妹以城市漫步的方式结合数字技术，传递眉山千年文化。

眉山打造苏小妹IP，与其传播文化的需求不谋而合。眉山拥有悠久的历史和丰富的文化资源。以苏小妹作为城市代言人，可以将传统文化与现代科技相结合，不仅能够扩大眉山的影响力，而且能够提升眉山的文化价值。

依托虚拟形象IP，眉山可以打破圈层，跨越沟通壁垒，打通虚实传播路径，发扬眉山的地域特色，助力眉山文化产业快速发展。未来，眉山将依托苏小妹IP，不断创作以苏东坡和宋文化为中心的优质内容，将苏东坡的故事传递给更多年轻用户。

9.3.2 无聊猿IP火热，多方扩展形成IP生态

说起目前市场上最火的NFT IP，BAYC必然算作其中之一。BAYC（Bored Ape Yacht Club）即无聊猿游艇俱乐部，创建于2021年4月。BAYC由1万个无聊猿NFT组成，每只猿猴都由算法随机生成，形态各异，独一无二。

无聊猿游艇俱乐部中独一无二的猿猴贴合了当代年轻用户彰显个性的需求，一经推出便迅速走红。一个无聊猿NFT的价格由最初的0.08 ETH涨到2022年4月的170 ETH，价格上涨超过2000倍。许多大牌也纷纷联动无聊猿NFT，利用无

聊猿 NFT 的热度实现"破圈"营销。

例如，2022 年 4 月，李宁宣布以编号为 4102 的无聊猿 NFT 形象为蓝本，推出中国李宁无聊猿潮流运动俱乐部系列服装。该系列服装融合了像素风、街头风等时尚元素，尽显潮流。同时，李宁还在线下推出了潮流快闪店，由编号为 4102 的无聊猿作为主理猿，如图 9-3 所示。与传统的合作营销不同，李宁购买了编号为 4102 的无聊猿 NFT，并以此为基础进行服装设计与活动策划，开辟了一条新颖的企业营销之路。

图 9-3　李宁官方微博宣布快闪店主理猿

BAYC 不仅辐射体育用品行业，而且辐射地产行业。2022 年 4 月，深耕于地产行业的绿地集团宣布将推出其 NFT 形象——编号为 8302 的无聊猿。作为绿地集团的数字化战略之一，编号为 8302 的无聊猿大有深意。据绿地集团介绍，"8"表示谐音"把"，"30"则意味着绿地集团已经成立 30 年，"2"代表这是绿地集团第二次创业的起点。绿地集团希望以此作为其打造综合社交地 G-World 的第一步，使用户获得综合性服务。

为了拉动企业营收，许多企业选择与无聊猿 NFT 联动。例如，智能按摩企业"倍轻松"选择购入编号为 1365 的无聊猿 NFT，并让其担任"118 早睡健康官"。倍轻松一直秉承着"重营销，轻研发"的经营理念，且 2021 年第四季度营收增速下滑，因此，不难看出倍轻松渴望借助无聊猿 NFT 刺激消费，挖掘新的业绩增长点。

此外，酒类企业"酒次元"、饮料企业"一整根"、国潮企业"东来也"等纷纷与无聊猿 NFT 联名，期望借助无聊猿 NFT 的热度实现"破圈"营销。

BAYC 作为最火爆的 NFT IP 之一，为企业提供了打入年轻用户内部的机会，使企业与年轻用户产生联系，从而促进企业发展。可以预见的是，未来将会有更多企业与无聊猿 NFT 联名，无聊猿 NFT 可能会给企业、用户带来更大的惊喜。

第 10 章

创作者经济爆发：
Web 3.0 时代，人人皆可获利

Web 3.0 借助区块链打破了中心化平台对于内容的垄断，将内容的归属权还给用户。在 Web 3.0 时代，创作者成为自己作品的主人，拥有作品自主权，并且能够通过自己创作的内容较为轻松地赚取收益，创造个人价值。

CHAPTER 10

10.1 Web 3.0 时代，创意更有价值

Web 3.0 时代是一个由创作者和用户掌握经济控制权的互联网时代。创作者的收益大部分来自自己创作的作品内容，因此作品创意成为吸引用户的关键。创作者只有不断发挥自己的创意，创作出优秀作品，才能够获得更高的收益。在 Web 3.0 时代，作品创意是获得价值的关键。

10.1.1 明确版权归属：链上存储，破解复制风险

网络环境的开放性和数字作品内容的可复制性，使得用户创作的作品内容很容易被传播和复制，这大大增加了侵权风险和创作者版权的保护难度。同时，创作者对数字作品内容侵权进行追责的难度较大，维权成本较高。

版权不易保护是制约数字作品内容发展的重要问题。这会导致创作者无法获得最大化收益，创作者自然不愿意投身于数字内容创作中。而 Web 3.0 时代的 NFT 能够解决这一问题。NFT 可凭借其独特的记录功能重塑艺术产业、创作者、管理者、受众之间的关系，给予创作者更多的权利保护。

NFT 可以让创作者安全追踪作品版权的转移，并解决数字作品内容的所有权

和使用权分离的问题。NFT 通过区块链元数据及标识符标记作品版权，使作品版权透明、可追溯，从而保护创作者权益。这样无论别人是"搬运"、抄袭还是剽窃创作者的作品，作品的所有权都在创作者手中。

NFT 对于作品版权的保护其实是对区块链资产的保护，其对创作者的版权保护是十分可靠的。不过，NFT 数字作品的侵权问题仍然需要第三方版权保护机构监管，只有区块链与第三方机构结合起来，才能更好地塑造一个坚固的版权保护框架。未来，随着技术和政策的成熟，NFT 有望给创意产业版权管理模式带来颠覆性改变。

10.1.2 多重收益：NFT 发行与交易

NFT 能够大大提升创作者收益，创作者在一些 UGC（User Generated Content，用户生成内容）平台发布作品虽然能够获得收益，但也需要将部分收益分给平台。而在去中心化的 Web 3.0 时代，一个作品被铸造成 NFT 后，这个作品就成为区块链上独一无二的资产，从而更好地实现作品内容的价值流转，给创作者带来收益。

NFT 可以为创作者提供永久支持，每次创作者的 NFT 作品以更高的价格被转让或出售，创作者都能自动获得一定比例的收益。这种方式不仅能避免数字作品的部分收益流向中间机构，使创作者的收益权有所保障，而且能实现创作者收益最大化，从而刺激创作者积极生产作品。

例如，3LAU 是区块链领域的知名音乐家，也是数字 NFT 的支持者。2021 年 3 月，3LAU 将其《紫外线》专辑 NFT 以大约 1100 万美元的价格出售，还将其最新单曲"Worst Case"作为 NFT 出售，并将一半收入分给了 333 名支持他的 NFT 持有者。3LAU 以自身的经历展示了 NFT 如何改变音乐创作者的生存环境，提高

他们的音乐收入。

　　3LAU 还创建了音乐 NFT 平台 Royal,旨在使音乐创作者拥有音乐所有权和获得相应的收入。用户可以投资自己喜欢的音乐项目,与音乐创作者共同盈利。

　　自 Royal 创立以来,已经有超过 2000 名音乐创作者询问如何加入。其中,200 名音乐创作者月均听众数量超过 50 万,少数创作者拥有超过 2000 万的流量,可见 Royal 的受欢迎程度。Royal 开创了通过出售音乐 NFT 创造财富的新模式,进一步促进了新兴音乐产业的发展。Royal 先后获得了 a16z 和 Coinbase Ventures 等企业的支持,成为音乐 NFT 领域中的重要力量。

　　NFT 作品的交易需要在特定的平台上进行。一般而言,NFT 作品交易平台分为两种。第一种是创作者运营的官方交易平台,这种交易平台的开发往往需要较高的成本,因此,一般来说,只有资金充足的企业才会选择建设这种交易平台。第二种是第三方交易平台,这种交易平台供创作者与用户进行交易,并通过从作品交易中收取佣金来获取利润,维持平台的稳步运营。第二种交易平台是目前数字作品交易的主流平台。

　　Audius 是一个创立于美国、基于区块链技术的音乐共享平台。其能够将音乐作品 NFT 化,给每一部音乐作品打上独一无二的标识。每一个标识记录着对应作品的创作者、交易记录、持有者等信息,有效地解决了作品归属问题。

　　Audius 还将平台的控制权、作品的定价权交还给音乐创作者。音乐创作者可以独立决定其作品的盈利方式。例如,音乐创作者可以选择免费发布音乐作品,也可以选择为粉丝设置专属价格,使他们享受特殊福利。这样可以避免音乐创作者上传歌曲时被平台收取高昂的中介费用,或者因为审核不通过导致作品下架等情况的出现。

　　Audius 不与任何中间机构合作,其致力于实现音乐从音乐创作者到用户的直接传递，使音乐创作者与用户建立直接联系，帮助音乐创作者获得更多收入。Audius 还发布了自己的原生加密代币 AUDIO，用来激励音乐创作者参与平台建设。拥有代币的用户可以拥有相关提案的投票权，一枚代币代表一张选票，帮助平台创造一个公平的环境。

目前，Audius 月均活跃用户数量高达 75 万，拥有超过 10 万首歌曲资源和超过 100 万条播放内容。Audius 已经与 deadmau5、3LAU、RAC 等多名艺术家达成合作，共同维护音乐创作者的权益，推动 NFT 产业的发展。

NFT 交易机制实质上是数字作品所有权的转移，NFT 交易中的作品具有一定的收藏和投资价值。数字作品具有一定的独立性、支配性和特定性，当其存储于网络空间、通过 NFT 唯一指向成为一件可以流通的数字商品时，就产生了受法律保护的财产权益。NFT 作品持有者对该作品享有占有、使用、获得收益等权利。

NFT 交易本质上是一种以数字作品为交易内容的买卖关系，购买者在交易过程中获得的不是对数字作品的使用许可，而是一项财产权益。NFT 交易对象是数字作品本身，财产权的转移是交易产生的法律效果。

凭借其无可比拟的锚定价值和独特的交易机制，相信在不久的将来，NFT 将会产生更加多元、广阔的应用场景，驱动创作者经济的发展。

10.1.3　平台身份转变：从提供内容到提供工具

在 Web 3.0 时代，平台由内容提供者转变为工具提供者。为了建设更新颖、完善的内容生态，Web 3.0 平台将为玩家提供开发工具，使玩家可以自主构思、自主创作，促使玩家向创作者转变，同时促进平台内容生态的繁荣。

以近几年火爆的 3D 沙盒游戏"迷你世界"为例。2021 年 7 月，迷你世界

的创始公司迷你创想举办了"光 n"年度发布会。其 CEO 周涛宣布品牌由"迷你玩"升级为"迷你创想",并且致力于打造"游戏创意摇篮",持续加码全平台生态共创。

此次发布会后,迷你世界最大的变化是从"平台给什么就玩什么"转变为"玩家喜欢什么就创造什么"。目前,已有 7000 多万名玩家加入迷你世界的创作者阵营,内容创作量接近 2 亿次。迷你世界主要为创作者提供以下两个方面的支持,如图 10-1 所示。

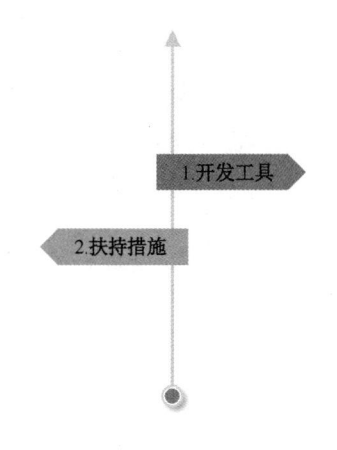

图 10-1　迷你世界为创作者提供的支持

1. 开发工具

迷你世界为创作者提供了不同阶段的游戏开发工具。初级创作者可以借助触发器进行游戏编程,还可以运用素材方块搭建游戏场景;专业开发者可以借助底层 Lua 脚本编辑器创作更复杂的多元化场景。开放、便捷的场景开发工具降低了创作者开发游戏的门槛,拓展了平台内容的边界,从而在游戏中形成了从游戏到创作、再从创作到游戏的良性循环。

2. 扶持措施

为了吸引更多优质创作者，迷你世界推出了对优质创作者的扶持政策"星启计划"。在"星启计划"中，平台不仅为创作者提供服务及技术支持，而且为创作者提供亿元级资金、亿级流量，同时给予创作者线下基地免费入驻、85%的分成比例、薪资补贴等福利，从而尽可能地帮助创作者减少创作阻碍，推动迷你世界内容生态蓬勃发展。

在迷你世界中，从业余玩家转变为专业创作者的用户不在少数，其中，有借助创作平台实现经济独立的大学生，还有兼职创作的创业者、上班族等。他们在迷你世界中用自己的创意创造未来、实现梦想。

随着时代的发展，Web 3.0 将促使更多开放的创作者平台诞生和发展。随着创作工具的简化和版权认证的完善，创作者经济将会迎来更广阔的发展空间。

CHAPTER 10

10.2 NFT 创作：展现虚拟作品的价值

NFT 的唯一性使其成为一种独特、稀缺的数字资产。借助 NFT 创作工具，每个用户都可以进行 NFT 创作，获得属于自己的独一无二的数字藏品。许多艺术家、创意用户会在平台上出售自己的 NFT 作品，优秀的 NFT 作品甚至会给创作者带来巨额收入。

10.2.1 NFT 铸造：将现实作品转化为 NFT

随着 NFT 交易市场越来越火热，许多用户也想参与 NFT 创作，利用先进技术将现实作品转化为 NFT。NFT 创作其实非常简单，只需要 3 个步骤。

（1）确定制作的 NFT 内容。NFT 支持多样化内容，无论是一张图片、一段视频、一段文字，还是一系列格式不一的文件，如 JPG、PNG、GIF、MP3 等，都可以实现 NFT 化。用户可以选择自己喜欢的内容，将其作为 NFT 的原型。

（2）完成铸造工作。用户需要通过铸造平台实现作品 NFT 化。市面上的铸造平台很多，有铸造与售卖一体的平台，如 OpenSea、Rarible、Mintable 等，也有一些只提供铸造功能的平台。

（3）创造 NFT 作品。以大型 NFT 交易平台 OpenSea 为例，用户注册账号并登录，就可以进入平台。在平台内，用户可以创造、收集、交易 NFT 作品。用户可以在平台内点击"创造"按钮，将选定的图片拖到图片框中，并为自己即将创造的 NFT 作品添加一个项目名称。这样，选定的图片便能转化成 NFT 作品。

除了艺术家、创意用户会将自己的现实作品转化为 NFT，许多品牌也会这么做。例如，来自德国的美容工作室 Look Labs 在推出实体香水后，依托区块链技术同步推出了首款数字香水，于 2021 年 4 月上线。这款数字香水名为 Cyber Eau de Parfum，受到科幻电影的启发，融合了中性、金属、复古和未来主义元素，由加拿大设计师 Sean Caruso 设计。Look Labs 使用光谱数据对香水进行编码。目前，没有技术手段可以实现在互联网上传递香水气味，因此这款数字香水使用近红外光谱法提取数据，并通过光谱数据的形式表现出来，以"视觉"代替"嗅觉"，给予用户特别的体验。

Cyber Eau de Parfum 香水十分特别，带有发光标签。设计师表示，香水 NFT 的灵感来自 Cyber Eau de Parfum 原来的外包装，其对香水瓶子进行了拟真渲染，瓶子外部带有发光标签和近红外光谱数据。

依托嵌入式电子产品，用户只要按动香水瓶身的电源按钮，瓶身就会发光。香水瓶子采用超轻玻璃制作，瓶身印有地球和回收利用的标志，可以重复使用和分类回收，有利于减少二氧化碳排放量。

将现实作品转化为 NFT 有利于创建清晰的所有权记录。用户可以通过这种方法实现作品确权，也有利于实现方便快捷的作品交易。

10.2.2 AI 创作：智能生成 NFT 作品

2021 年被称为"NFT 元年"，各类 NFT 作品联名活动层出不穷。随着 AI 技

术的发展，AI 已经可以进行 NFT 创作，智能生成 NFT 作品，NFT 又增添了 AI 创作的玩法。

AI 能够智能生成 NFT 作品主要依托 AI 生成技术。AI 生成技术指的是依靠人工智能技术和机器学习算法，使机器能够生成全新的数字视频、音频、图像和文本。AI 生成技术以算法为动力，这些算法具有识别输入内容的底层逻辑、生成类似作品和筛选高质量内容的能力。智能程度高的 AI 不仅可以通过现实生活场景生成内容，而且可以利用数学仿真和大量训练来生成全新的内容。

AI 创作的核心技术是生成式对抗网络。生成式对抗网络的本质是一种深度学习模型，它可以从练习的数据中学习内容，经过大量的数据训练和模型部署，便可以生成全新且原创的内容。

生成式对抗网络包含生成器和判别器。生成器主要负责生成类似元数据的新数据或内容，判别器主要负责区分元数据和生成数据。经过连续不断的训练，生成器能够生成更逼真的数据，判别器则能更加精准地分辨真假数据，最终获得与训练数据相似却不一样的新数据。AI 的训练模型和数据越多，生成的内容越丰富、逼真。

部分品牌已经利用 AI 智能生成 NFT 作品这一技术创造了新玩法。例如，PlaNFT 借助 AI 技术开启了 NFT 盲盒智能时代。用户可以通过 AI 生成技术生成 NFT 作品并发布有趣的 NFT 盲盒。PlaNFT 使用了一种名为 DALL-E Mini 的 AI 生成技术，该技术通过日复一日地观察图片及其标题来进行训练，随着训练次数的增多，其学会了如何根据文字提示生成相关图片。如今，DALL-E Mini 可以根据文字提示生成全新图片。

DALL-E Mini 的深度学习模型主要分为两部分：一部分是记忆学习，互联网上的图片都能够成为其训练数据；另一部分是概念学习，即学习如何创造全新的图片。

用户可以进入 PlaNFT 官网，选择"Mystery Box NFTs"栏目，并点击"Make a Mystery Box Collection"，选择创建一个全新的 NFT 盲盒。PlaNFT 有三种铸造并发布盲盒的方式，其中，AI-created Pics 和 Random Pics 都属于利用 DALL-E Mini 技术生成 NFT 盲盒。用户使用 AI-created Pics 时，可以在搜索框内输入关键词，DALL-E Mini 会根据关键词生成对应的图片。用户可以选择自己想要的图片并在右侧依次填写 NFT 盲盒相关信息，点击"Issue Mystery Box NFTs"就能成功发布 NFT 盲盒。用户使用 Random Pics 时，只需要输入标题和对 NFT 盲盒的描述，DALL-E Mini 技术会根据文字提示随机生成 NFT 盲盒。只有当该 NFT 盲盒被购买时，用户才知道里面装了什么。

目前，PlaNFT 平台通过 DALL-E Mini 技术，成功发布了上千个 NFT 盲盒，在为用户生成新内容的同时，也增加了盲盒的惊喜感与趣味性。其中，有一些 NFT 盲盒卖出了极高的价格，为 NFT 发布者带来了巨额利润。未来，AI 生成技术将会进一步发展，制造出更多具有观赏价值的 NFT 作品。

CHAPTER 10

10.3 职业转变：Web 3.0 时代的新兴职业

Web 3.0 催生了一批新兴职业，许多与数字经济有关的职业悄然兴起。新兴职业带来了许多工作机会，为我国的人才市场和经济发展注入了活力。

10.3.1 虚拟形象设计师：定制个性化的用户虚拟形象

虚拟形象设计师能够通过技术手段"复活"3D 卡通人物，使人物形象动起来，打造超写实虚拟人和二次元虚拟形象。如今，虚拟形象设计已经成为最热门的虚拟设计赛道之一。

虚拟形象设计师是 Web 3.0 时代的一种新兴职业，包括为品牌打造虚拟 IP 形象的设计师、为用户"捏头像"的捏脸师等。随着虚拟形象设计师不断涌现，虚拟形象设计品牌也相继创立，以赚取 Web 3.0 时代的红利。

例如，相芯科技是浙江大学计算机辅助设计与图形学国家重点实验室周昆教授带领其团队创建的虚拟形象设计品牌。相芯科技会集了众多虚拟形象设计高端人才，通过 XR 技术创新，研发出三维重建、AR 渲染、人脸跟踪、语音合成、物理仿真等核心技术，致力于为用户提供智能交互的虚拟数字人形象，如图 10-2 所示。

图 10-2　相芯科技设计的虚拟数字人形象

相芯科技自主研发的虚拟数字人引擎，将计算机图形学、动作驱动、语音和语义识别等技术深度融合，使虚拟数字人具备表达能力和智能交互能力；并将 AI 技术应用于虚拟人建模、场景互动、内容生产等环节，用户可以对虚拟数字人进行"捏脸""换装"等操作，并与虚拟数字人进行实时对话和互动。相芯科技的虚拟数字人引擎为众多企业、平台提供了全栈式虚拟形象设计服务。

相芯科技用技术刻画虚拟数字人的音容笑貌，描绘虚拟场景的流光溢彩。相芯科技是 Web 3.0 时代虚拟世界的重要搭建者，其对虚拟形象设计的成功创新推动了许多虚拟形象设计品牌的创立。

10.3.2 虚拟服装设计师：创作虚拟服装

Web 3.0 的发展促使部分传统的服装设计师向虚拟服装设计师转变。虚拟服装设计师借助先进的数字艺术设计理念，打造出众多广受年轻人喜爱的虚拟潮牌，在虚拟市场中取得了优异的成绩。

例如，虚拟服装设计师张弛创立了虚拟服装潮牌 METACHI。张弛是一名坚定的环保理念倡导者，其创立的虚拟服装潮牌不仅顺应了 Web 3.0 时代虚拟设计的发展趋势，获得了众多资本的关注和支持，而且顺应了时代发展的重要主题，即环境保护。

从提出虚拟服装概念开始，张弛不断与中国顶尖 AI 技术团队合作，致力于构建虚拟服装底层技术，并共同开发不同虚拟场景下的着装方案。张弛为其品牌 METACHI 融合了人工智能、元宇宙等前沿概念，利用计算机技术对服装样式进行仿真制作，如图 10-3 所示。

图 10-3 METACHI 的虚拟服装样式

METACHI 结合 3D 技术创作更加真实的虚拟服装，使用户突破时间与空间的限制，足不出户地试穿虚拟服装，看到拟真的穿着效果。

如今，METACHI 已成为数字时装和虚拟潮牌领域中具有代表性的虚拟服装品牌，张弛的数字梦想也在 Web 3.0 数字世界中逐步实现。

再如，Mishi McDuff 是一位来自美国的虚拟服装设计师。她在 Roblox 平台兼职，一年可以获得大约 6 万美元的收入。随后，其建立了自己的虚拟时尚品牌 Blueberry，年收入约为 100 万美元。

Mishi McDuff 专注于自己的设计事业，其创立的虚拟时尚品牌 Blueberry 不仅入驻了 Roblox、Fortnite 和 Spatial 等平台，而且与奢侈品品牌展开合作，为虚拟空间时装周提供系列服装，如图 10-4 所示。

图 10-4　Mishi McDuff 设计的虚拟服装

Blueberry 自创立以来，一直稳步发展。随着以 Roblox 为首的内容生成平台

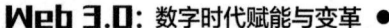

的发展，虚拟服装的盈利也更加可观。在帮助堡垒之夜、Spatial 等多款知名游戏设计服装后，Blueberry 的知名度大大增加。

Blueberry 十分注重品牌口碑。虚拟服装行业比现实世界中的服装行业竞争更为激烈。借助工具，每个用户都可以成为虚拟服装设计师，成为品牌的竞争者。因此，口碑十分重要。用户可能会在社交软件上相互推荐品牌，或者在游戏中相互交流。Blueberry 在保证虚拟服装质量、维持良好口碑的同时，还利用虚拟网红推荐、在虚拟杂志上投放广告等方式进行推广，挖掘潜在用户。

随着 Web 3.0 的发展，用户对于虚拟服装的需求不断增加。年轻的虚拟服装设计师不断在虚拟空间中进行创作，努力打造自己的虚拟潮牌。未来，虚拟服装设计师将创造属于自己的时尚天地。

10.3.3　虚拟建筑师：在虚拟世界中打造虚拟场景

随着 Web 3.0 相关技术的发展，虚拟建筑师将成为未来建筑师的主流派系之一。虚拟建筑满足了虚拟世界用户对城市发展、房屋建造的内在需求，是随着时代进步而产生的新型建筑模式。

以"烤仔建工"为例。烤仔建工是一支承建虚拟建筑的施工队，致力于成为现实世界与虚拟世界相互贯通的新型桥梁。烤仔建工团队中 80% 的建筑师都来自传统建筑行业。在成为虚拟建筑师之前，他们需要花费较长的时间熟悉建模软件，从而利用自己的建筑设计经验和建模技术，对客户提出的建筑要求进行个性化定制，最终给予客户一个满意的方案。

与传统图纸设计相比，虚拟建筑设计会相对轻松一些。不过，虚拟建筑的元素较为多元化，如何使虚拟建筑设计更具创造性是每一位烤仔建工团队成员需要思考的问题。

虚拟世界与现实世界在建筑规划方面大同小异，虚拟世界也分为中心城区和郊区板块。同样，虚拟世界的中心城区房价更贵，郊区房价则相对便宜。烤仔建工力争将部分现实世界中的街道设计还原至虚拟世界中，带给用户更真实的体验，推动虚拟建筑理念的推广与虚拟建筑的销售。

虚拟世界的建筑团队如果只是单纯地进行土地开发和房屋建造，那么，其对于用户的吸引力还远远不够。在建造房屋的过程中，虚拟世界的建筑团队可以举办一些活动来吸引用户，例如，建筑团队为某一新建小区策划一些虚拟开工或完工活动，用活动进行商业赋能，吸引用户注意力，创造更多收益。

相较于传统建筑师，虚拟建筑师需要进一步开拓思维和视野，并不断将虚拟建筑的概念和审美渗透至建筑理念和专业素养中，建立成熟的虚拟建筑团队和虚拟工作室，从而在虚拟世界中获得更广泛的收益。

第 11 章

创投展望：Web 3.0 领域的创投机会

　　科学技术不断推动 Web 3.0 的发展，许多企业争相进入 Web 3.0 领域，Web 3.0 成为众多企业创业、投资的新方向。

CHAPTER 11

11.1 头部 VC 进场，Web 3.0 市场火热

Web 3.0 正在成为众多 VC（风险投资）的关注对象。目前，已有红杉资本、a16z 等头部 VC 相继投资 Web 3.0。Web 3.0 市场十分火热，众多 VC 带着源源不断的资本投向 Web 3.0，介入互联网未来的改变过程，等待 Web 3.0 给予其回报。

11.1.1 a16z：多领域投资，助力初创企业发展

a16z 是一家于 2009 年创立的投资机构，投资特点是布局早、投入大、周期长，具有独到的眼光，是 Web 3.0 领域较为笃定的投资者，曾助力多家初创企业发展。

2013 年，a16z 以每股 1 美元的价格首次领投加密货币交易所 Coinbase，并参加了 Coinbase 后续 8 轮融资。2021 年 4 月，Coinbase 上市，市值一度高达 1120 亿美元。尽管 a16z 在上市时出售了一部分股票，但其仍持有 Coinbase 7%的股票，是该企业的第二大股东。

近年来，a16z 在 Web 3.0 领域的投资项目十分丰富，包括 Web 3.0 游戏、NFT、公链、区块链、去中心化金融等。a16z 十分关注加密领域和区块链技术的发展，

其为此专门成立了区块链投资机构,并在区块链加密领域不断扩张。a16z 在加密领域的投资主要集中在分布式存储、新商业模式等方面。a16z 布局了 Filecoin(加密货币和数字支付系统)和 Arweave(区块网络)等知名分布式存储项目,其利用通证激励模式和区块链技术建设去中心化的存储设施,保障数据安全。

在区块链领域,a16z 投资了 OpenSea、Coinbase 等知名区块链头部项目,不断围绕 Web 3.0 推出基金项目,其基金所针对的主要投资方向有去中心化内容平台、去中心化金融、加密价值存储、加密支付方式等。

在游戏娱乐领域,a16z 投资了 Forte(为游戏发行商提供区块链解决方案)、Virtually Human Studio(基于区块链的赛马游戏)、Faraway(游戏工作室)等初创企业,构建 Web 3.0 娱乐体系。

在投资过程中,a16z 不仅为初创企业提供强大的资金支持,而且搭建了一套专业而庞大的人才体系,为初创企业提供营销、法律、技术等支持,助力其发展。面对初创企业,a16z 提供资金、资源与技术,使其在 Web 3.0 领域构建起庞大的资源与关系网络。

目前,a16z 已经成为顶级风投机构之一,也是 Web 3.0 投资领域的重要参与机构之一,其在一定程度上代表了 Web 3.0 的投资价值。在恰当的时机把握 Web 3.0 的投资机会是投资机构实现新发展的重要战略。

11.1.2 红杉资本:推出 Web 3.0 专项基金

纵观全球,众多风险投资公司纷纷在 Web 3.0 领域投资布局,多只专注于 Web 3.0 投资领域的基金也纷纷成立。这直接带动了全球投资者对 Web 3.0 项目的投资热情。

近年来，NFT、元宇宙的概念逐渐普及，区块链、AI、边缘计算等底层技术越发成熟，加密数字货币体量逐渐增大，Web 3.0 行业规模呈现爆发式增长。其中，链游、DeFi 等诸多赛道投资机会颇多。在这场 Web 3.0 领域投资"赛事"中，红杉资本频频出手，令人瞩目。

2021 年，红杉资本打破 VC 界传统的周期制度，设立常青基金，使其在 Web 3.0 领域的投资具备更高的灵活性。当前，红杉资本正在竭力储备投资 Web 3.0 加密货币的"弹药"。

2022 年 2 月 18 日，红杉资本推出一只加密货币领域的专项投资基金，这也是红杉资本自 1972 年成立以来发行的首只特定行业的基金，规模为 5 亿～6 亿美元。这只加密基金主要包括加密交易所已上市和未上市的代币。

根据 Dovemetrics 的统计数据，自 2022 年以来，红杉资本已经投资超过 20 家 Web 3.0 企业。红杉资本抓住 Web 3.0 投资方向，竭力在 Web 3.0 赛道上不断前进。

CHAPTER 11

11.2 Web 3.0 领域的创业机会

Web 3.0 催生许多新技术、新行业。大量新兴公司涌入 Web 3.0 领域进行创业，将 Web 3.0 的发展推向一个新的高峰。新兴 Web 3.0 公司不断整合 Web 3.0 技术，引领跨时代的新型互联网创业潮流，为用户提供更精准的服务。

11.2.1 以技术为依托，打造去中心化交易平台

用户在中心化交易平台上进行数字资产交易很容易产生信任问题，因此，去中心化成为未来数字资产交易平台的发展方向。借助技术发展，许多企业纷纷打造去中心化交易平台。

例如，FDex 是一个以智能合约实现的去中心化交易平台。智能合约具有公开透明、不可篡改、无须第三方介入、满足条件自动执行等优点。基于智能合约的优点，FDex 具有以下特点。

1. 能够提供安全保障

FDex 是一个去中心化的智能合约交易平台，本质上也是一串智能合约代码。

用户可以在不依赖前端的情况下，通过代码制定合约。所有的数据都基于智能合约运行，能够降低篡改规则的风险。

通过智能合约，FDex 还能实现代币之间的自动交易。智能合约一旦生效，就会按照合约代码逻辑自动执行，任何用户都无法干涉。因此，用户进行交易时，无论遇到什么风险，都可以按照合约取回数字资产。

2．保证合约公开透明

传统交易平台存在安全漏洞、缺乏监管、数据不公开透明等弊端，造成用户对平台不信任。FDex 通过合约代码开源解决了以上问题。合约代码开源意味着任何用户都没有控制权，不会进行人工审核与干预，也不会造成用户的身份信息泄露。用户只需要查看开源的代码就可以知道数据是否真实，还能够起到协助监管的作用。

随着数字资产交易的增多，去中心化交易平台呈现强劲的发展势头。未来，会有越来越多的企业创建去中心化交易平台，并在交易规模、智能合约安全性、治理架构及用户体验等方面不断完善。

11.2.2　以内容创作为目标，提供开放的虚拟内容创作平台

在 Web 3.0 时代，虚拟内容创作平台也是一个全新的发展领域，用户可以借助新技术，进行内容创作，与其他用户社交，沉浸式地体验各种玩法。许多企业已经开始建立虚拟内容创作平台，并得到了不错的发展。

例如，BUD 是一个虚拟社交平台，也是一个 UGC（用户生产内容）平台，能够为用户提供无门槛的 3D 创作系统。每一位用户都可以利用该系统创作个性

化内容，并与其他用户交流。BUD 正在成为年轻用户进行虚拟社交的新选择。

2022 年 8 月，国内新锐宠物生活方式品牌 VETRESKA 宣布正式与 BUD 展开合作。VETRESKA 将入驻 BUD 平台，推出每日限定玩法与话题活动。VETRESKA 与 BUD 的合作，既是一次品牌商业路径的新探索，又意味着虚拟世界即将成为品牌营销新阵地。此次双方的合作主要从两个方面展开：建立品牌数字资产与推出创意玩法。

在建立品牌数字资产方面，VETRESKA 注册了虚拟空间品牌官方账号，将其作为在 BUD 平台营销的核心阵地。VETRESKA 可以在品牌官方账号中建立品牌专属地图、发布每日限定玩法、制作品牌素材等，吸引年轻用户参与活动，与用户建立联系。

建立品牌专属地图是 VETRESKA 的实体资产转变为数字资产的重要方式。VETRESKA 使用 BUD 平台的内容编辑系统，经过简单的操作便能搭建、更新自己的品牌专属地图，并在地图中加入品牌专属元素，如仙人掌、西瓜等。通过 3D 场景还原技术，用户在游览地图时，可以发现这些独特的元素，并从中感知品牌想要传递的理念。

BDU 平台针对此次合作推出了每日限定玩法与话题活动。每日限定玩法指的是 BUD 平台在 VETRESKA 品牌专属地图中发布美食盛宴、烟火晚会、沙漠冒险三大限定玩法。在沙漠冒险中，用户需要躲避仙人掌化身的移动机关，到达终点。用户可以在游戏过程中尽情探索品牌专属地图，这样可以加深用户对品牌的了解，吸引用户的兴趣，使品牌获得出色的营销效果。话题活动则包括 VETRESKA 定制话题、双方活动宣传等。话题活动进一步加强了品牌与用户的沟通，使品牌能够倾听用户的想法，推出更多有趣的活动。

与传统的内容创作相比，在虚拟世界中进行内容创作更强调用户的沉浸式体验。无论是品牌专属地图的打造还是 3D 互动表情的定制，都旨在提升活动的趣味性，打破现实世界与虚拟世界的界限。BUD 与 VETRESKA 的合作，为用户带来了新奇的体验。未来，用户能够在 BUD 平台上体验更多的活动，创作出更多有趣的内容。

11.2.3 聚焦用户需求，推出沉浸式体验产品

当前，市场上的主要消费者是深受互联网和众多科技产品影响的年轻用户。这些年轻用户从小就享受着数字化和科技发展带来的红利，他们崇尚个性、充满好奇、注重体验、强烈希望被认同、容易受到外部环境的影响。基于这些特点，年轻用户更偏向于能够满足其需求的产品。

年轻用户是成长起来的消费主力。为了快速争夺年轻用户，企业需要研究年轻用户的喜好，聚焦其需求。具体而言，年轻用户的需求主要表现在以下两个方面，如图 11-1 所示。

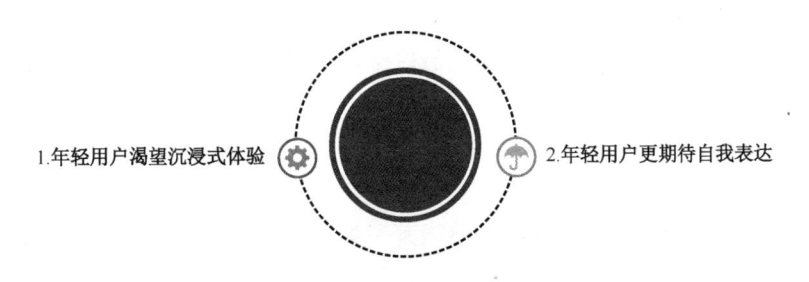

图 11-1 年轻用户的需求

（1. 年轻用户渴望沉浸式体验　2. 年轻用户更期待自我表达）

1. 年轻用户渴望沉浸式体验

由于时间、距离等因素，年轻用户无法随时观看演出。仅仅通过手机、电视等智能设备，用户无法获得如临现场的视听体验，因此，用户更加渴望沉浸式体

验。依托科技的发展，许多品牌开始尝试在虚拟空间中开展活动，满足用户对沉浸式体验的需求。

例如，2022 年 11 月，PICO 携手虚拟女团 A-SOUL 在虚拟空间中举办了一场演唱会。用户可以通过 VR 一体机进入虚拟空间，沉浸式观看演唱会。此次虚拟空间演唱会以"奇妙宇宙"为主题，有深海、城市、天空、银河 4 个场景。

PICO 为虚拟演唱会提供了技术支持。在演唱会中，用户不仅能够以最佳视角观看 A-SOUL 的表演，而且能够通过弹幕、表情与 A-SOUL 互动，A-SOUL 会在第一时间给予用户回应。虽然没有了现场的尖叫声和挥舞的荧光棒，但这种"零距离"的互动体验是线下演出无法提供的。

过去，品牌方想要在一场大型演出中宣传自己的产品，需要投入重金获得冠名权或赞助活动现场的物品。但因地域等因素的限制，一场活动的容量有限，品牌方投入重金却不一定能得到很好的宣传效果。

而虚拟世界可以使宣传效果最大化。虚拟世界可以把数以亿计的用户聚集在一起，也就是说，品牌可以被数以亿计的用户看到。另外，品牌宣传的场景也变多了，虚拟装扮、娱乐场景、社交场景等都可以成为品牌宣传的场景。例如，在 Roblox、Fortnite、Decentraland 等虚拟平台上，可口可乐、三星等品牌通过虚拟广告牌进行广告营销。

虚拟世界的活动受用户青睐的原因之一是能给用户提供极强的沉浸感。对于早已习惯虚拟世界与现实世界交互的年轻用户来说，普通的虚实交互并不能刺激他们的兴奋点，他们真正期望的是更沉浸、不受限制的交互世界。过去他们在线上进行的交友、购物、游戏等活动，只是思维层面的虚拟化，而感官层面仍停留在现实世界。因此，只有让他们全身心融入虚拟世界，获得拟真的沉浸式体验，才能真正打动他们。

2. 年轻用户更期待自我表达

年轻用户从小的生长环境让他们习惯了在社交网络上分享自己的生活，将自己暴露在公共视野中，他们渴望在虚拟世界中塑造一个更完美的自己。对品牌而言，这是一个机会。品牌要逐渐舍弃主动向用户推销自己的营销方式，与用户建立合作关系，帮助用户实现自我表达，以赢得用户的喜爱和信任。

年轻用户已经成为虚拟世界中的主流群体。他们渴望展示自己，希望在虚拟世界中实现个性的延伸。品牌只有尊重用户的诉求，才能增加用户对品牌的好感，用户才会成为品牌的粉丝，为品牌的产品付费。

例如，屈臣氏推出了一位虚拟员工"屈晨曦"，并宣布其为自身品牌代言人。作为一名出色的虚拟员工，屈晨曦能够和人们聊天，为人们提供专业、个性化的咨询建议。同时，屈晨曦积极切入直播带货赛道，携手知名带货主播，通过直播一次次引爆产品销量。对于屈晨曦未来的发展，屈臣氏表示，其会长久地处于成长学习的阶段，未来屈晨曦如何发展是由粉丝决定的。由此可以看出，屈臣氏将屈晨曦设定成一位"养成型"虚拟偶像，会基于用户的需求进化成长。

在互联网时代，用户的需求发生了改变，许多品牌也不得不转换方向进行新发展。面对新一代用户，品牌只有了解用户的需求，推出新产品，才能获得更好的发展。

11.2.4　聚焦虚实连接，提供虚拟入口

在 Web 3.0 时代，借助数字孪生、VR、AR 等技术可以实现虚实连接。品牌为用户提供虚拟入口，进入虚实相生的世界。虚实结合是数字经济发展的新阶段，

而这也将成为品牌创业的新起点。

例如，迪士尼借助新技术吸引更多的用户。迪士尼搭建了自己的流媒体平台矩阵，包括 Disney+、Hulu 和 ESPN+。在推出新的 IP 时，迪士尼会第一时间在自己的流媒体平台上发布相关信息，通过独家播放实现有效宣传。同时，迪士尼还打造了虚实结合产品，在 Steam 上发布了 Disney Movies VR 应用，使用户能够进入不同主题的虚拟世界游览，获得身临其境的体验。迪士尼借助这些新技术，吸引了大量渴望尝试新体验的年轻用户。

又如，为了开拓市场、挖掘潜在用户，美妆品牌雅芳研发了一款 AR 滤镜。用户通过使用 AR 滤镜，可以化身与节目嘉宾相似的虚拟形象，在游戏中畅玩。用户通过玩游戏可以获得积分，而积分可以换取雅芳的多款产品。这种虚实结合的营销方式激发了用户的游戏热情，使用户在体验游戏的同时也对雅芳的产品有了一定的了解，成功地将品牌营销与潜在用户开发联系在一起。

雅芳的沉浸式营销活动获得了超出预期的效果，超过 20 万名用户使用了 AR 滤镜，品牌挖掘了约 4000 名潜在用户，而且该活动在社交媒体上引起了热烈讨论。品牌通过 AR 技术为用户创造了虚拟世界的入口，使其获得了沉浸式体验，也为自己博得了一次宣传的机会。

汽车行业中的很多企业针对看车、试车环节创设了虚拟消费场景，实现用户虚拟看车。例如，宝马集团推出了"宝马 iFACTORY 体验之旅"游戏。在这款游戏中，用户能以 3D 虚拟化身体验宝马集团先进的汽车制造工艺，了解宝马汽车是如何诞生的。

用户扫描二维码或者通过"MY BMW"App 即可进入游戏。在半小时的试玩时间里，用户可以在不同区域参与 9 个互动任务，熟悉制造过程的重要节点。例如，用户可以在交流中心与其他用户交流，在装配车间了解汽车装配流程。

随着游戏的不断更新，游戏内容将更加丰富。宝马集团也会增加更多盈利元素，如在虚拟世界中订购汽车等。

"宝马 iFACTORY 体验之旅"游戏的诞生并非偶然，宝马集团在抢夺虚拟市场的同时，将目标对准了游戏。借助游戏，宝马集团完成了一次沉浸式营销，加深了用户对宝马集团的了解，获得了众多用户的好评。

Web 3.0 时代，处处是商机。只要品牌能够把握用户的需求，借助技术为用户创造虚实结合的世界，提供新奇的体验，便能够获得成功。

11.3 Web 3.0 领域的投资机会

伴随着底层技术的逐步突破与用户需求的转变，Web 3.0 领域出现了大量热门投资项目。投资机构开始关注拥有核心技术的 Web 3.0 公司，以及新兴的 NFT 项目等，力图把握时机，获得不错的收益。

11.3.1 关注核心产品，一些 Web 3.0 公司值得期待

随着 Web 3.0 技术体系逐步建立，Web 3.0 市场热度高涨，大量新兴公司涌入 Web 3.0 领域进行创业，将 Web 3.0 的发展推向一个新的高峰。许多投资机构也看准机会进行投资，以下是近几年成立的 3 家值得投资的新兴 Web 3.0 创业公司。

1. Polygon

Polygon 是一家印度加密货币创业公司。Polygon 网络是 Polygon 生态系统首批产品之一，其实质上是一种权益证明侧链。Polygon 网络以以太坊的扩展为基础任务，与以太坊相比，它的交易速度、交易吞吐量都得到了极大的提升，交易成本也大大降低。Polygon 网络兼容以太坊虚拟机，以太坊应用程序可以轻松地迁移

至 Polygon 网络。

此外，Polygon 还部署了较为热门的 DeFi 项目，如 Aave（去中心化借贷系统）、1INCH（链上聚合交易所）及 Curve（分布式存储系统）等。Polygon 自成立以来，交易总数不断增长，成功把握了 Web 3.0 时代的创业新机遇。

2. Mysterium Network

Mysterium Network 是一家瑞士 Web 3.0 初创公司，其致力于建立一个分散式的 P2P（个人对个人）密链网络，初衷是与那些用技术窥探用户隐私、窃取用户数据的公司和实体作斗争。P2P 密链网络能够为用户提供分布式和开放式的安全网络访问。同时，用户可以借助该网络出售自己的备用带宽来赚取加密货币。为了增强网络的扩展性，P2P 密链网络还设计了去中心化的微支付系统 CORE，其能够在充分保障用户权益和交易安全的基础上处理支付交易。

3. CertiK

CertiK 是一家致力于提供智能合约及区块链安全服务的公司，由来自哥伦比亚大学和耶鲁大学的科研团队携手创立。该公司主要研究区块链安全，核心产品是 CertiKOS 防黑客操作系统。虽然区块链安全领域探索起来相对困难，对技术的要求很高，但区块链是 Web 3.0 时代必备的基础设施，区块链安全作为区块链的基础设计，区域链的安全性决定了用户是否能够安心地探索 Web 3.0。

该公司的核心产品主要应用于去中心化金融领域，可以审核正在执行的智能合约，如果发现漏洞，就会及时更新区块链安全协议，还会主动识别可疑交易，保护用户的资金安全。

CertiK 的发展十分迅速。截至 2021 年 12 月，CertiK 的员工数量增长了 4

倍，为超过 1800 家客户提供了安全服务。同时，CertiK 还与 NEO、ICON 等知名平台达成深度合作，参与区块链的安全建设活动。CertiK 成立 2 个月便完成了 350 万美元种子轮融资，从 2020 年 6 月到 2022 年 6 月，两年时间内进行了 5 轮融资，市值已达到 20 亿美元，可谓未来可期。

Web 3.0 的发展萌生了一大波新型创业企业，也为许多机构提供了投资机会。未来，新兴 Web 3.0 企业还将持续涌现，机构看准时机进行投资，也许会获得不错的收益。

11.3.2　关注 NFT 项目，数字藏品投资展现潜力

随着 Web 3.0 的发展，越来越多的用户开始关注 NFT 项目。腾讯、京东等互联网大企业也纷纷入局 NFT 项目，数字藏品展现出巨大潜力。

京东十分关注 NFT 项目，推出了一个名为"灵稀"的数字藏品发行平台。只要在京东 App 中搜索数字藏品，便会弹出灵稀小程序。灵稀数字藏品是通过京东智臻链技术进行唯一标识的数字产品。

灵稀的首发数字藏品是京东的形象代表 Joy，单价为 9.9 元，每版数量为 2000 份。用户需要在购买前实名注册，购买后将被记录在京东旗下的区块链网络中，一经购买，无法退换。购买的用户可以对自己的数字藏品进行研究、展览和观赏。

2022 年 5 月，京东灵稀平台上线了一款取材于颐和园乐寿堂原慈禧居所、以"百鸟朝凤"为主题的数字藏品——"颐和仙境·百凤图"系列数字藏品。该系列数字藏品是对颐和园内建筑景观和人文历史的二次创作，重点突出了颐和园的"美"与"祥瑞"，运用先进的数字技术，对静止的画面进行动态处理，使凤凰与百鸟"活"了起来。该系列数字藏品于 2022 年 5 月 27 日 10 点在京东灵稀平台发

售，限时 3 天，限量 8000 份。

京东在 2022 年"618"活动期间，还发布了唐宫夜宴主题、颐和园主题、国家宝藏虎符盲盒等知名 IP 数字藏品，让更多年轻用户了解文物背后的故事，感受数字藏品带来的文化意义。

京东创建灵稀平台，体现出大企业对于 NFT 项目的关注。未来，数字藏品领域可能会显示出更大的优势，给予投资者更大的回报。

读者调查表

尊敬的读者：

　　自电子工业出版社工业技术分社开展读者调查活动以来，收到来自全国各地众多读者的积极反馈，他们除了褒奖我们所出版图书的优点外，也很客观地指出需要改进的地方。您对我们工作的支持与关爱，将促进我们为您提供更优秀的图书。您可以填写下表寄给我们，也可以给我们电话，反馈您的建议。我们将从中评出热心读者若干名，赠送我们出版的图书。谢谢您对我们工作的支持！

姓名：_____　　性别：□男　□女　　年龄：_____　　职业：_____

电话（手机）：_____　　E-mail：_____

传真：_____　　通信地址：_____　　邮编：_____

1．影响您购买同类图书的因素（可多选）：
□封面封底　　□价格　　□内容简介、前言和目录　　□书评广告　　□出版社名声
□作者名声　　□正文内容　　□其他_____

2．您对本图书的满意度：

从技术角度	□很满意	□比较满意	□一般	□较不满意	□不满意
从文字角度	□很满意	□比较满意	□一般	□较不满意	□不满意
从排版、封面设计角度	□很满意	□比较满意	□一般	□较不满意	□不满意

3．您选购了我们的哪些图书？主要用途？_____

4．您最喜欢我们的哪本图书？请说明理由。
_____

5．目前您在教学中使用的是哪本教材？（请说明书名、作者、出版年、定价、出版社。）有何优缺点？
_____

6．您的相关专业领域中所涉及的新专业、新技术包括：
_____

7．您感兴趣或希望增加的图书选题有：
_____

8．您所教课程主要参考书？（请说明书名、作者、出版年、定价、出版社。）
_____

邮寄地址：北京市丰台区金家村288#华信大厦电子工业出版社工业技术分社
邮编：100036　　电话：18614084788　　E-mail：lzhmails@phei.com.cn
微信ID：lzhairs/18614084788　　联系人：刘志红

电子工业出版社编著书籍推荐表

姓名		性别		出生年月		职称/职务	
单位							
专业				E-mail			
通信地址							
联系电话				研究方向及教学科目			

个人简历（毕业院校、专业、从事过的以及正在从事的项目、发表过的论文）

您近期的写作计划：

您推荐的国外原版图书：

您认为目前市场上最缺乏的图书及类型：

邮寄地址：北京市丰台区金家村288#华信大厦电子工业出版社工业技术分社
邮编：100036　电话：18614084788　E-mail：lzhmails@phei.com.cn
微信ID：lzhairs/18614084788　联系人：刘志红

反侵权盗版声明

电子工业出版社依法对本作品享有专有出版权。任何未经权利人书面许可,复制、销售或通过信息网络传播本作品的行为;歪曲、篡改、剽窃本作品的行为,均违反《中华人民共和国著作权法》,其行为人应承担相应的民事责任和行政责任,构成犯罪的,将被依法追究刑事责任。

为了维护市场秩序,保护权利人的合法权益,我社将依法查处和打击侵权盗版的单位和个人。欢迎社会各界人士积极举报侵权盗版行为,本社将奖励举报有功人员,并保证举报人的信息不被泄露。

举报电话:(010)88254396;(010)88258888
传　　真:(010)88254397
E-mail:　　dbqq@phei.com.cn
通信地址:北京市万寿路173信箱
　　　　　电子工业出版社总编办公室
邮　　编:100036